EX LIBRIS

VICOMTE DE COSSETTE

LIVRE NOUVEAU ET UTILE

pour toutes Sortes
d'Artistes,

Et particulierement pour les
Orfevres, les Orlogeurs, les Peintres
les Graveurs, les Brodeurs, &c.
Contenant quatre Alphabets de chiffres
fleüronnez au premier trait avec
quantité de devises, d'Emblemes et de
noeüds d'Amour.

Avec

Vne Suite exacte pour trouver en général
tous les noms et surnoms entrelassez:
Le tout exactement recherché, dessiné et
gravé

PAR

DANIEL DE LA FUEILLE,

A AMSTERDAM,
M.DCCVII

A
B
C
D
E
F
G
H
I
K
L
M
la Fueille fecit.

3
N
P
O
Q
R
S
T
V
X
Y
Z
JE VUS PUIS ADOUCIR
QUE LE DONNE LE XX DIMANDE
AUTANT DE COEUR QUE D'AMOUR
IL VOUS LE SACRIFIE
La Faille fecit

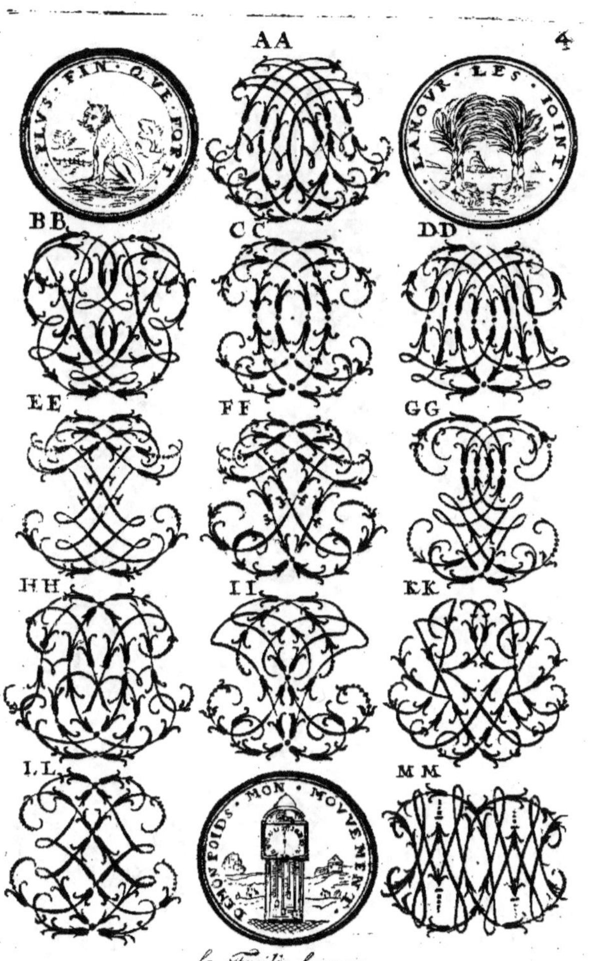
AA
PLVS · FIN · QVE · FORT
L'AMOVR · LES · IOINT
BB
CC
DD
EE
FF
GG
HH
II
KK
LL
DE · MON · POIDS · MON · MOVVEMENT
MM
la Fueilie fecit

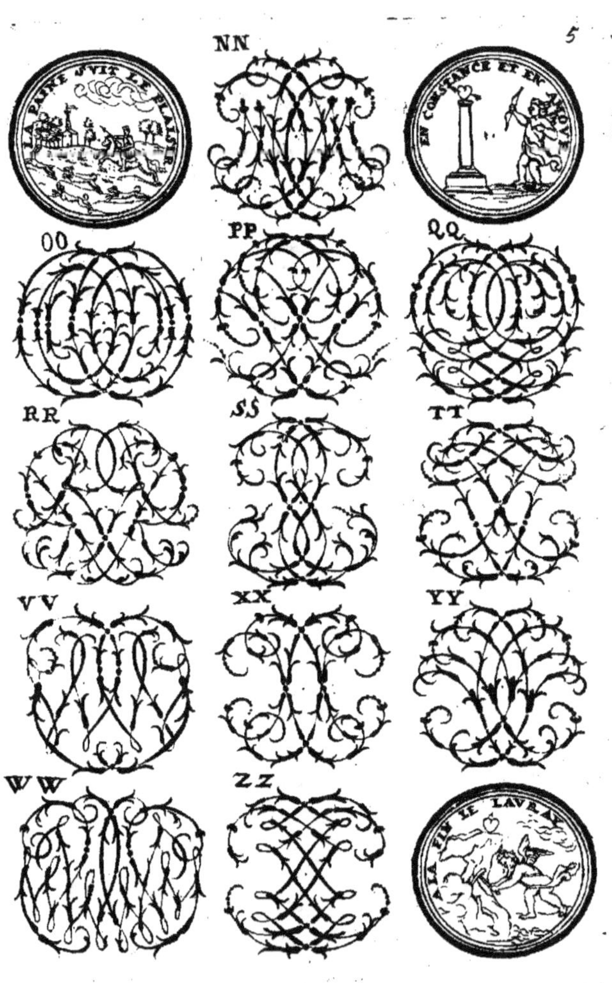
NN
OO
PP
QQ
RR
SS
TT
VV
XX
YY
WW
ZZ
LA PEINE SVIT LE PLAISIR
EN CONSTANCE ET EN AMOVR
A LA FIN IE LAVRAY

AMOVR SVR TOVT
A B
AC 6
AD
AE
AF
AG
AH
AI
AK
AL
AM
AN
AO
AP
La Fueille fecit

AQ
AR
AS 7
AT
AV
AX
AY
AZ
POVR CE LIE PAR VN DOVX MOVVEMENT
BC
BD
BE
BF
BG
BH

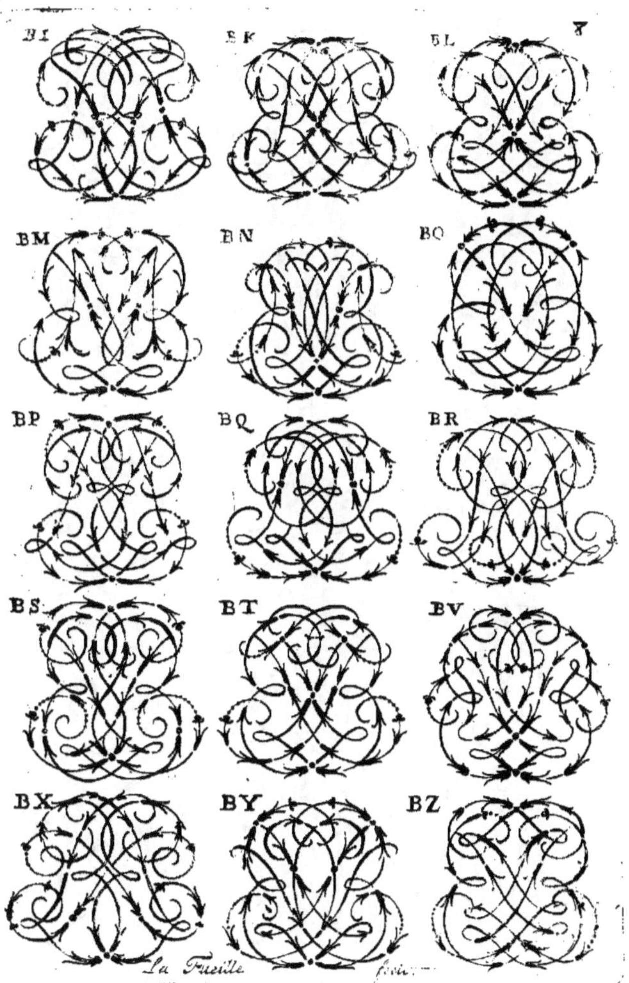

BI
BK
BL
7
BM
BN
BO
BP
BQ
BR
BS
BT
BV
BX
BY
BZ
La Fueille
fecit

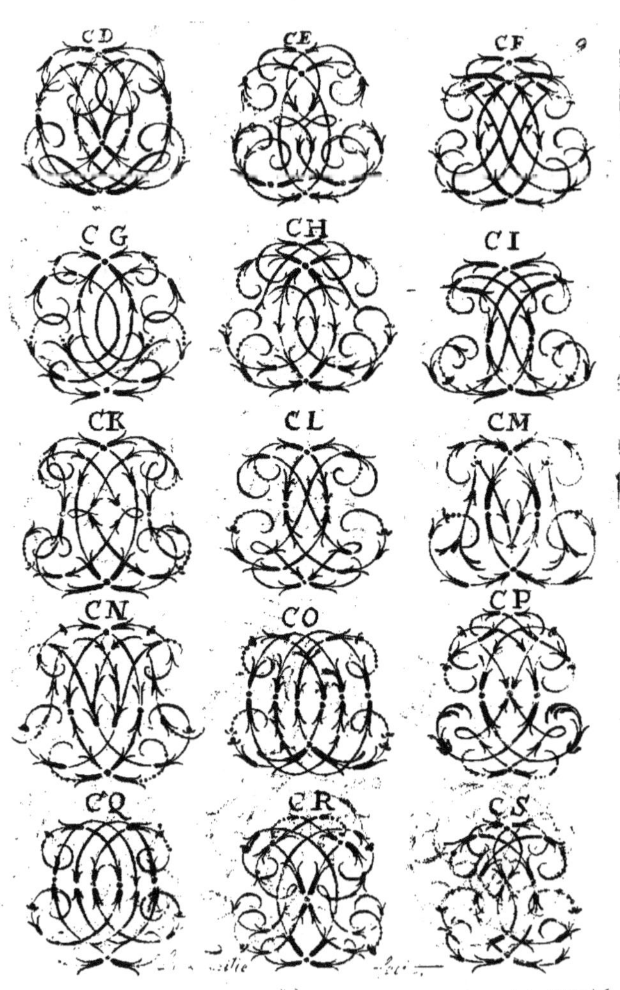

CD
CE
CF
9
CG
CH
CI
CK
CL
CM
CN
CO
CP
CQ
CR
CS

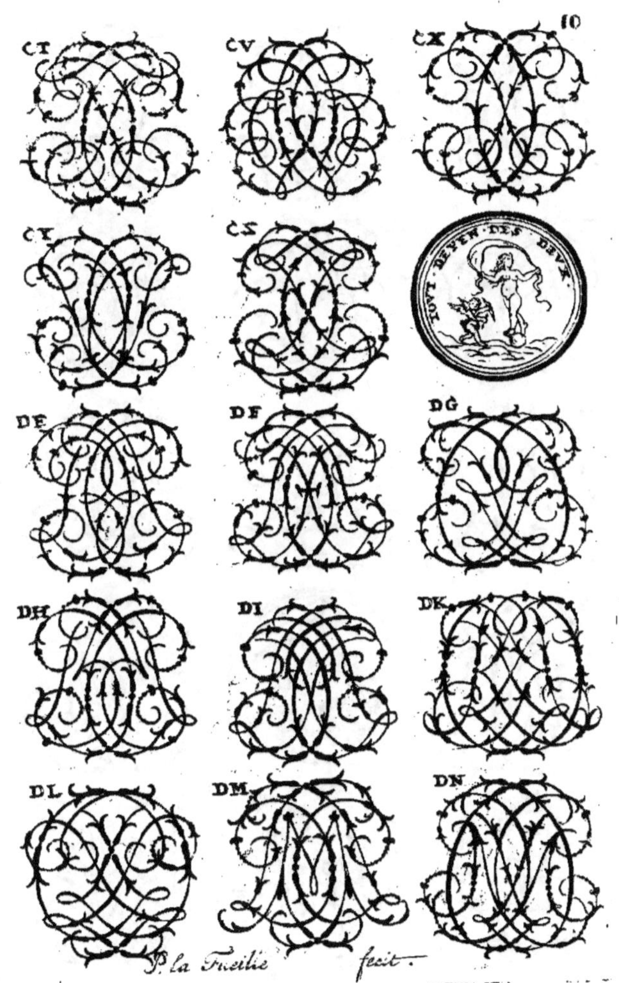

CT
CV
CX
10
CY
CS
IOVI·DEVEN·DES·DEVX
DE
DF
DG
DH
DI
DK
DL
DM
DN
P. la Fueilie   fecit.

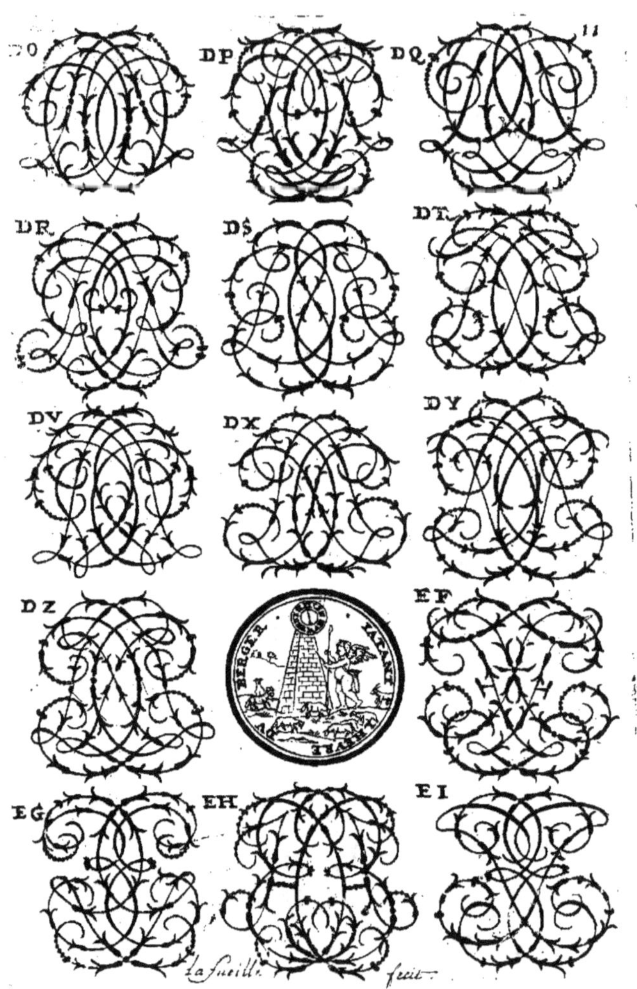
70
DP
DQ
11
DR
DS
DT
DV
DX
DY
DZ
EF
EG
EH
EI
La Fueille.
fecit.
BERGER
VIVANT
FIDELE

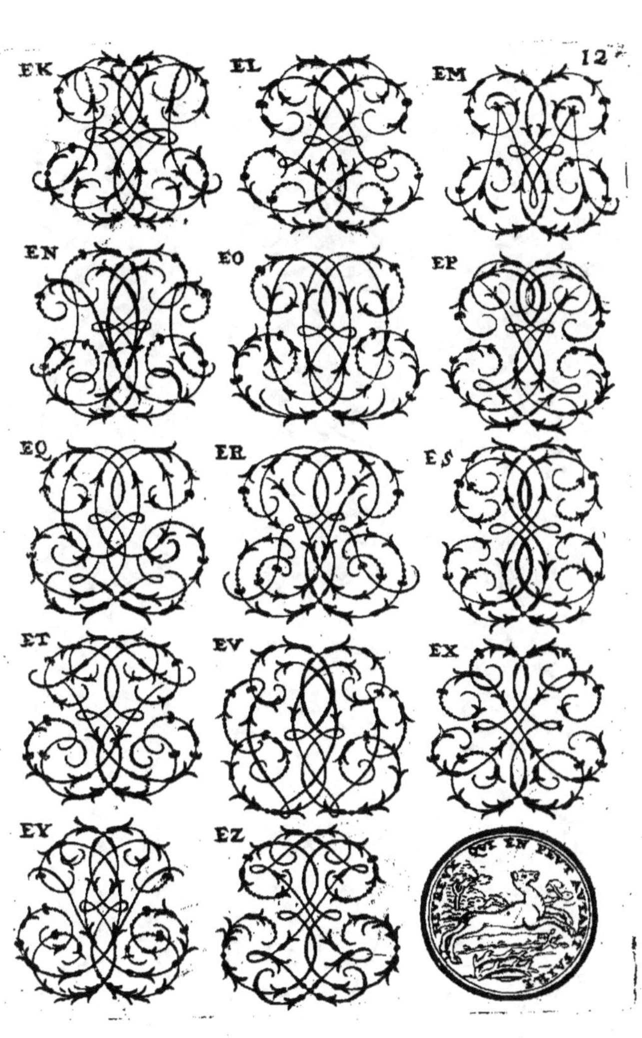

EK EL EM

EN EO EP

EQ ER ES

ET EV EX

EY EZ

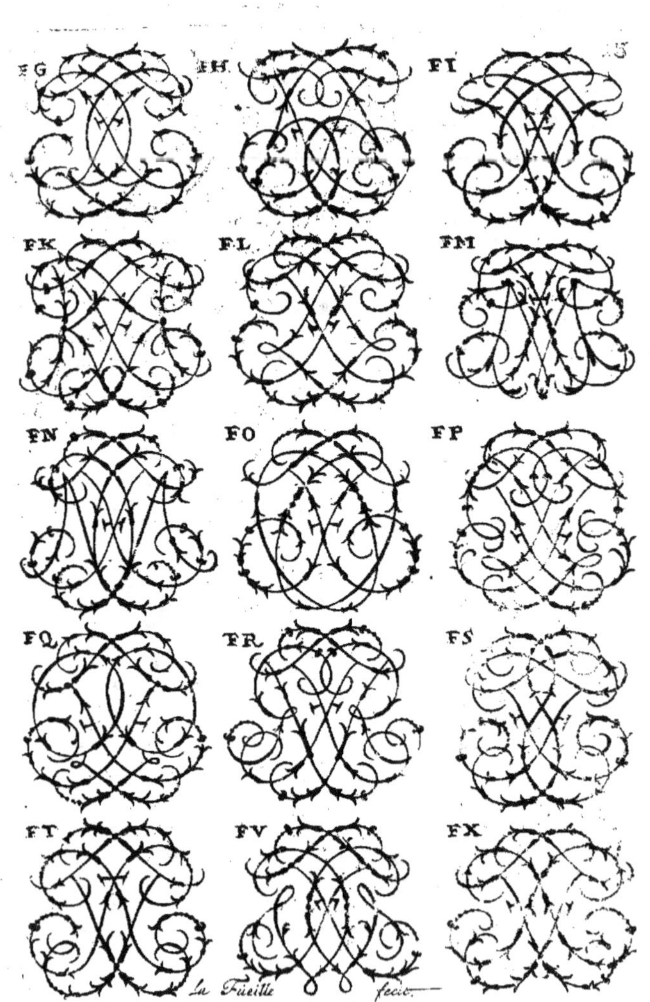
FG
FH
FI
FK
FL
FM
FN
FO
FP
FQ
FR
FS
FT
FV
FX
La Fueille fecit.

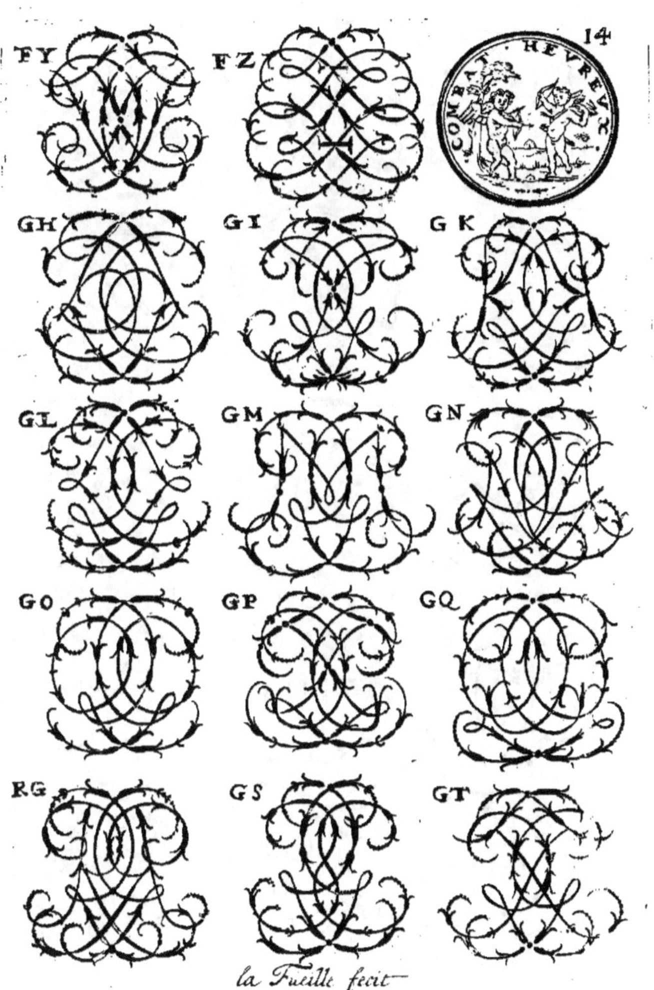

FY
FZ
14
COMBAT HEVREVX
GH
GI
GK
GL
GM
GN
GO
GP
GQ
RG
GS
GT
la Fueille fecit

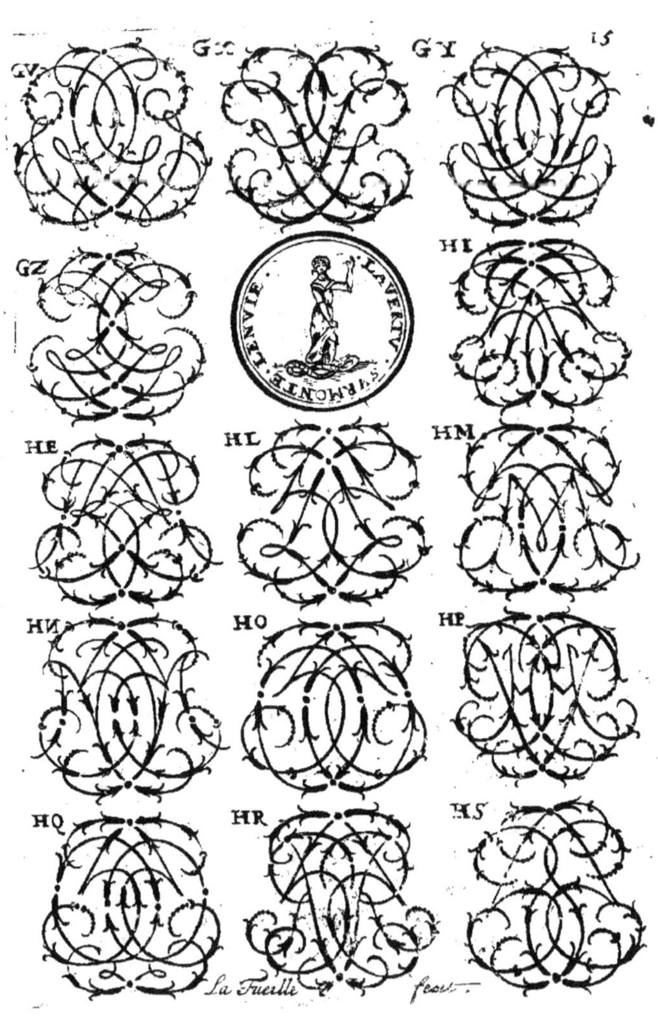

GV
GX
GY
15
GZ
HI
HE
HL
HM
HN
HO
HP
HQ
HR
HS
LAVERTV
SIMONIS LENVIE
La Fueille
feca

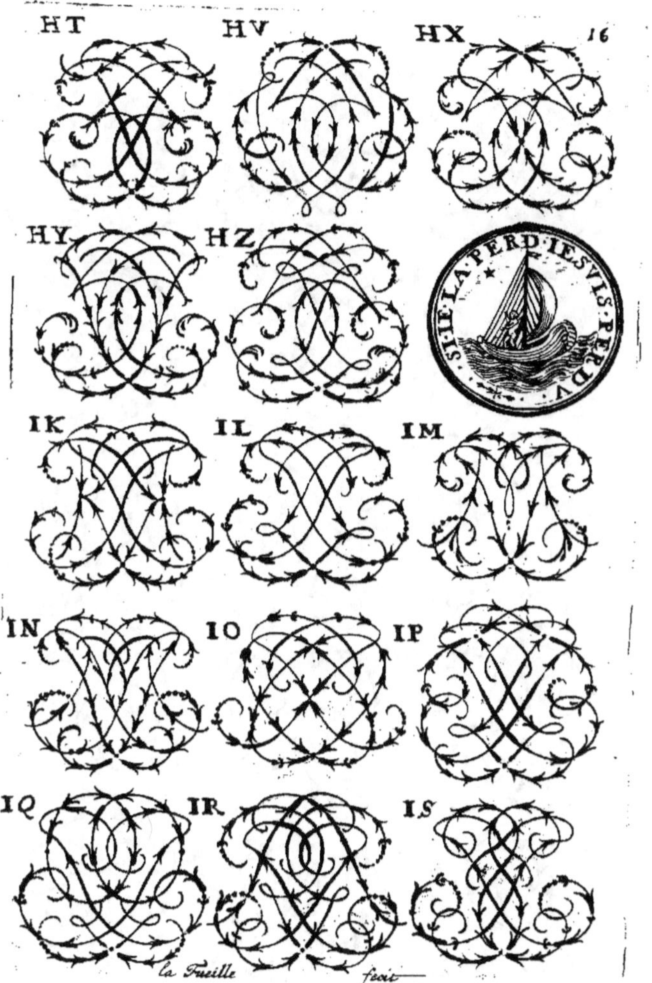

HT HV HX
HY HZ
SI·IE·LA·PERD·IESVIS·PERDV
IK IL IM
IN IO IP
IQ IR IS
la Fueille fecit

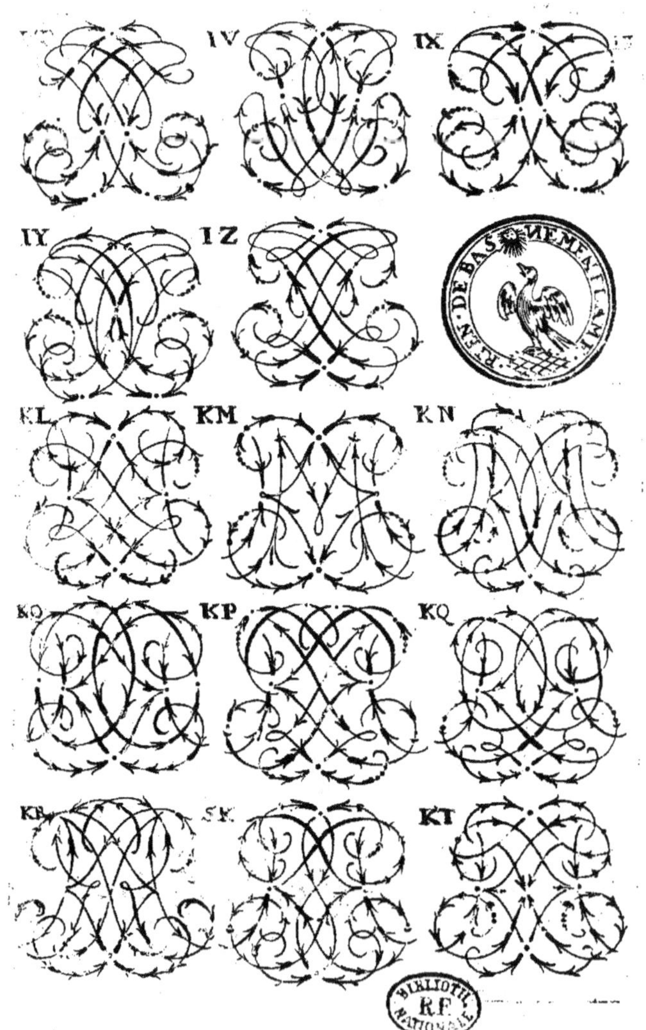

XV
KX
KY
KZ
LM
LN
LO
LP
LQ
LR
LS
LT
LV
LX
QVE SVIS POVR LE SERRE

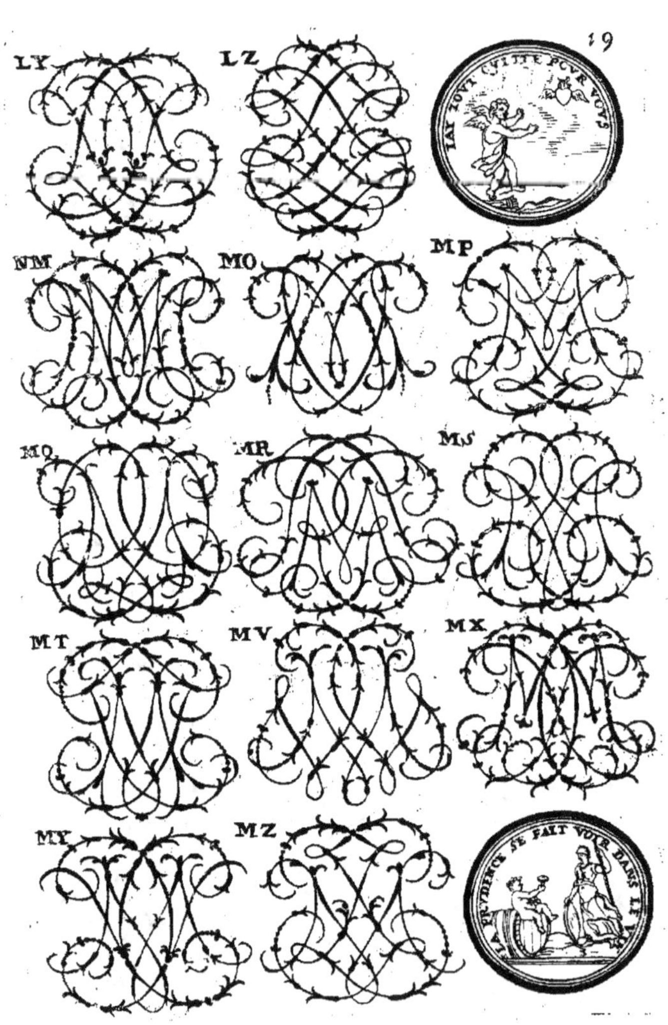
LY
LZ
NM
MO
MP
MO
MR
MS
MT
MV
MX
MY
MZ
IAY ZOVT CVITTE PCVR VOVS
LA PRVDENCE SE FAIT VOIR DANS LE

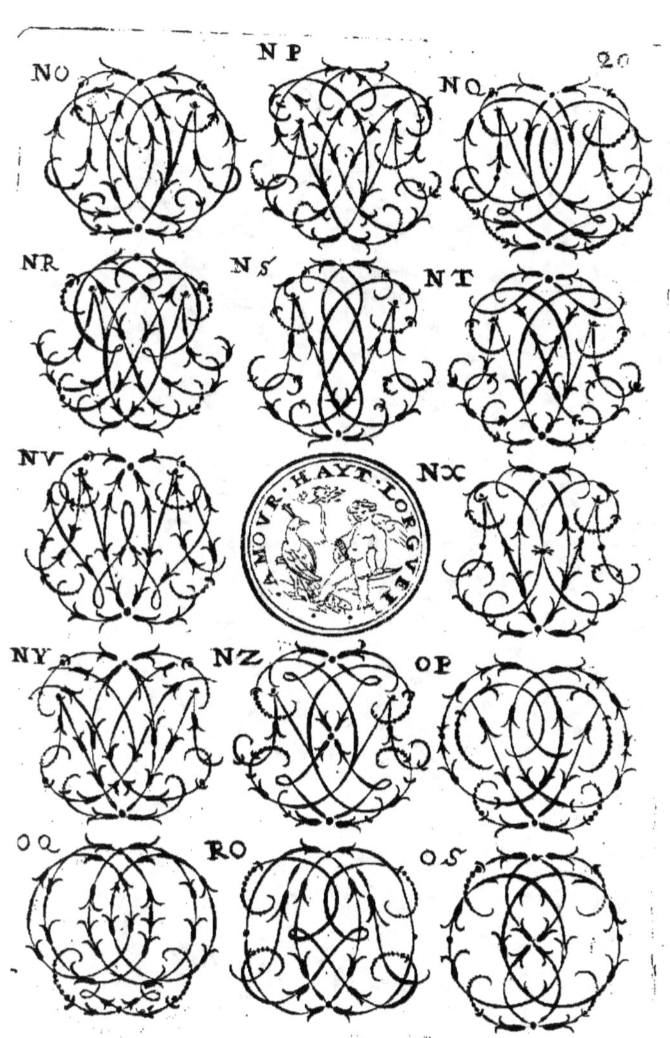

NO
NP
NO
NR
NS
NT
NV
NX
NY
NZ
OP
OQ
RO
OS
·AMOVR·HAYT·LORGVEIL·

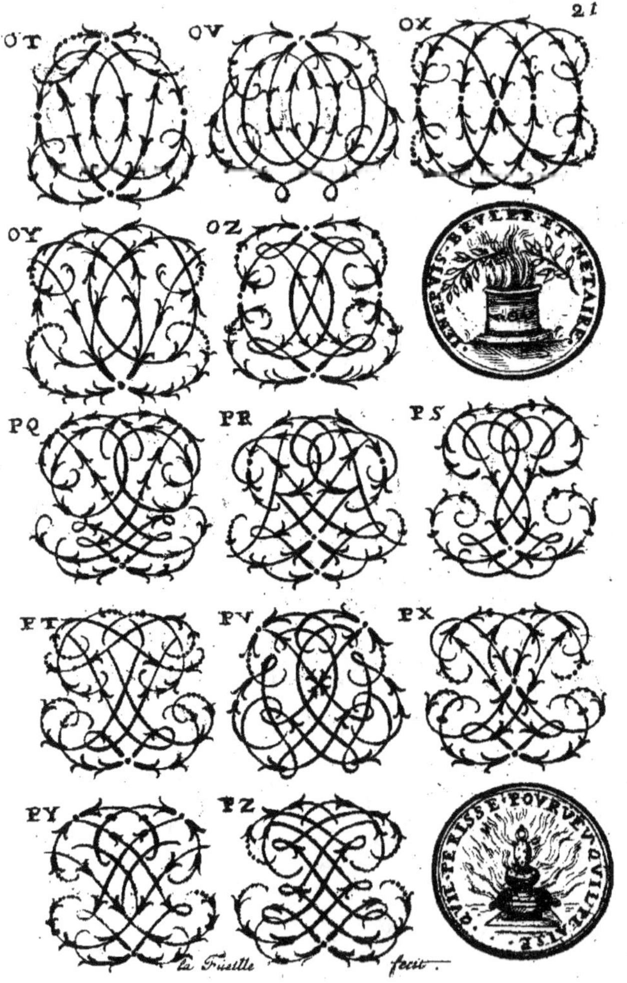

OT OU OX 21
OY OZ
PQ PR PS
PT PV PX
PY PZ
la Fuÿille fecit

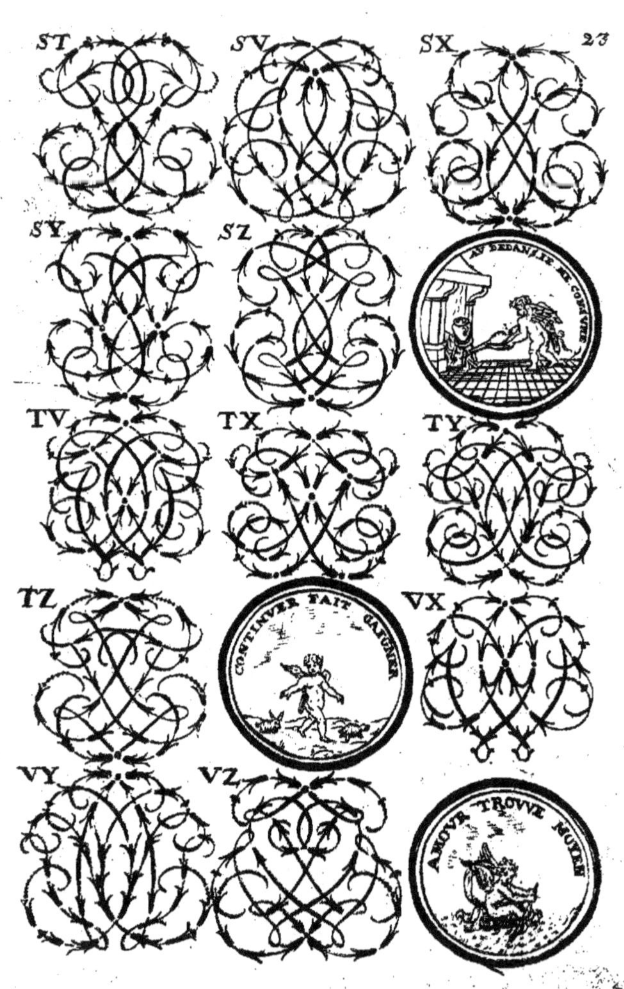
ST
SV
SX
SY
SZ
AV DEDANS IE ME CONSVME
TV
TX
TY
TZ
CONTINVER FAIT GAIGNER
VX
VY
VZ
AMOVR TROVVE MOYEN

La Fueille fecit.

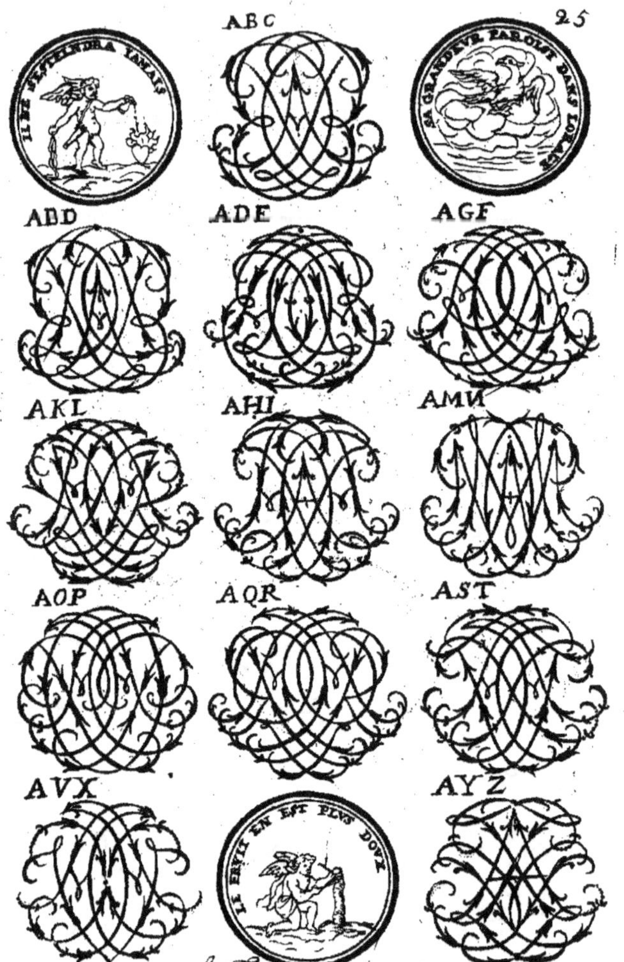

ABC

ABD   ADE   AGF

AKL   AHI   AMN

AOP   AQR   AST

AVX   AYZ

La Fueille fecit

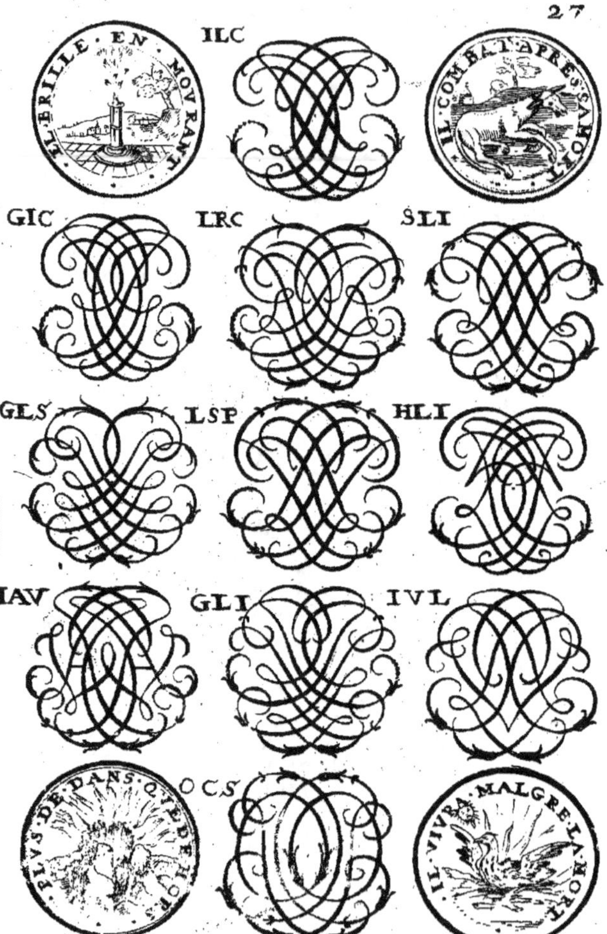
IL·BRILLE·EN·MOVRANT
ILC
IL·COMBAT·APRES·SA·MORT
GIC
LRC
SLI
GLS
LSP
HLI
IAV
GLI
IVL
OCS
PLVS·DE·DANS·QVE·DE·HORS
IL·VIVRA·MALGRE·LA·MORT

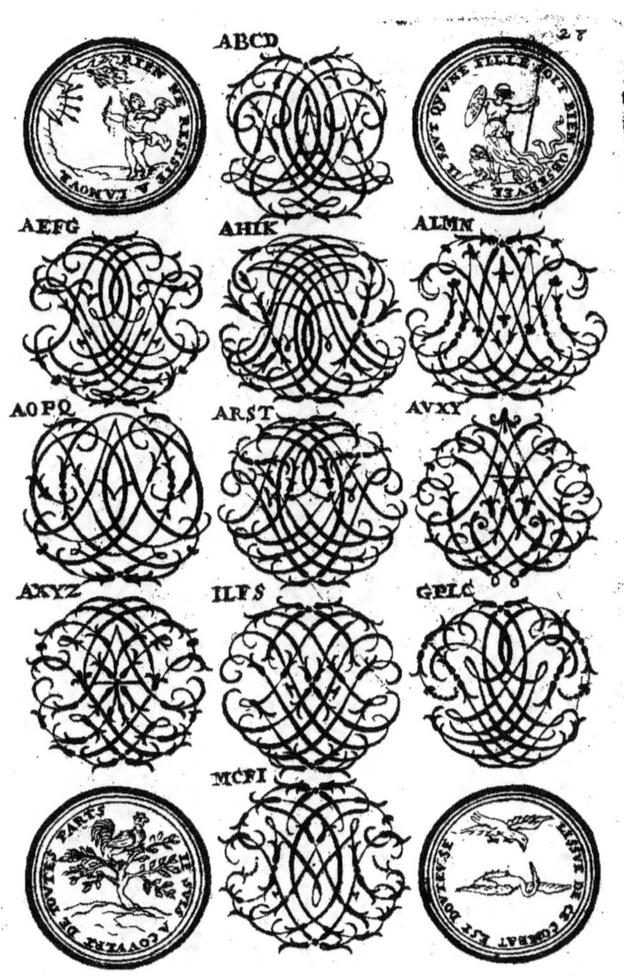
ABCD
AEFG
AHIK
ALMN
AOPQ
ARST
AVXY
AXYZ
ILFS
GPLC
MCFI

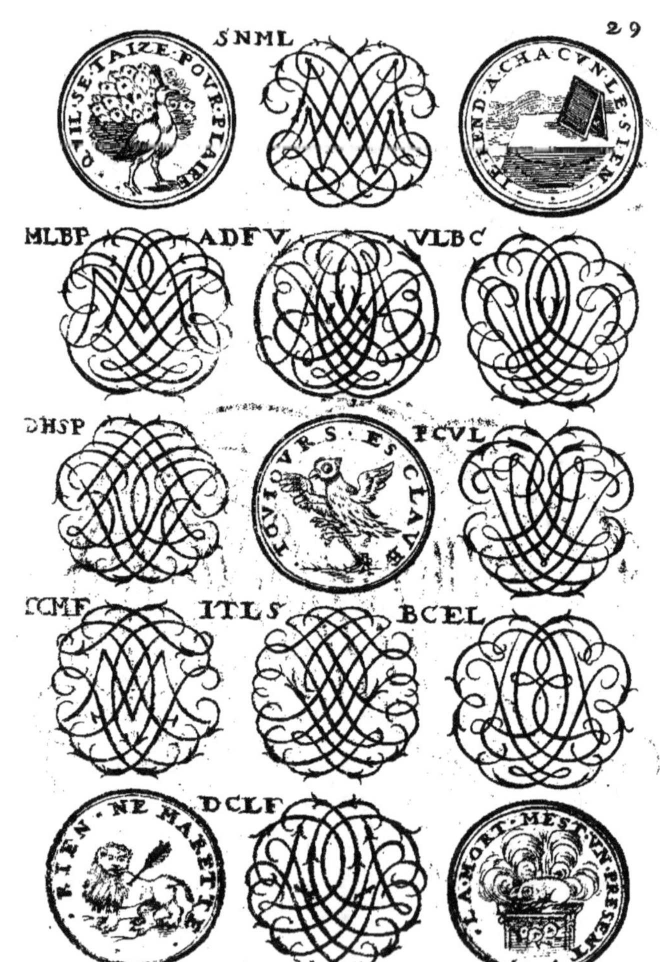

Chiffre ou ent... toutes les Lettres de l'Alphabet

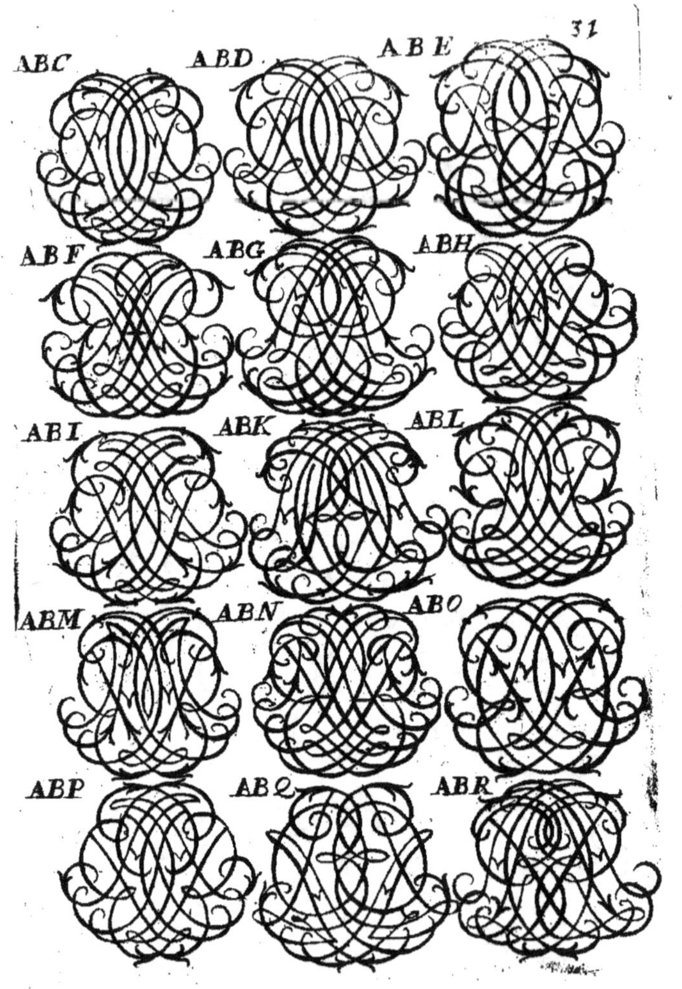

ABC
ABD
ABE
ABF
ABG
ABH
ABI
ABK
ABL
ABM
ABN
ABO
ABP
ABQ
ABR

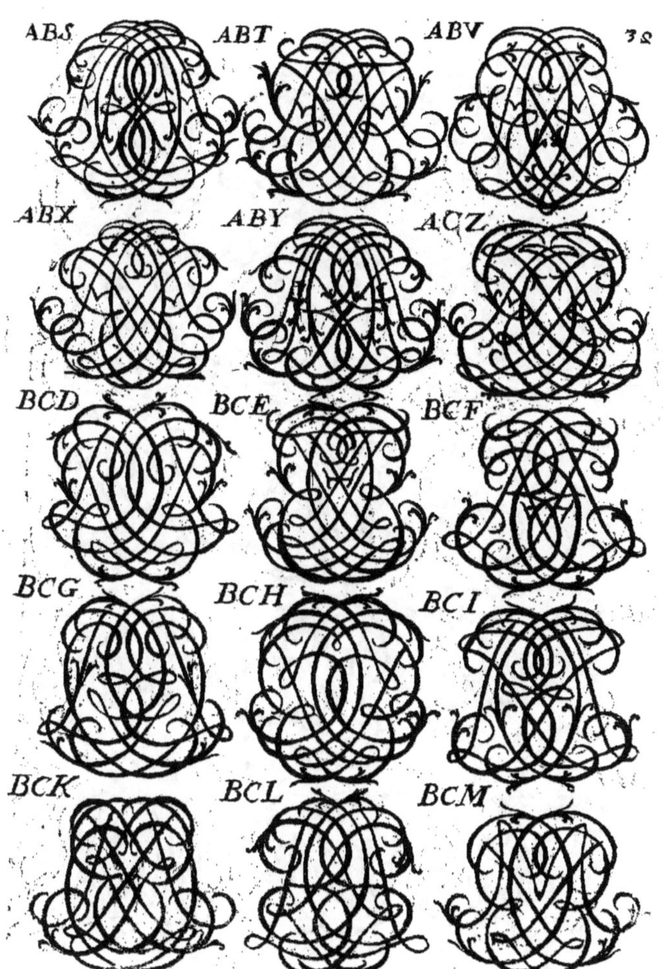

ABS
ABT
ABV
32
ABX
ABY
ACZ
BCD
BCE
BCF
BCG
BCH
BCI
BCK
BCL
BCM

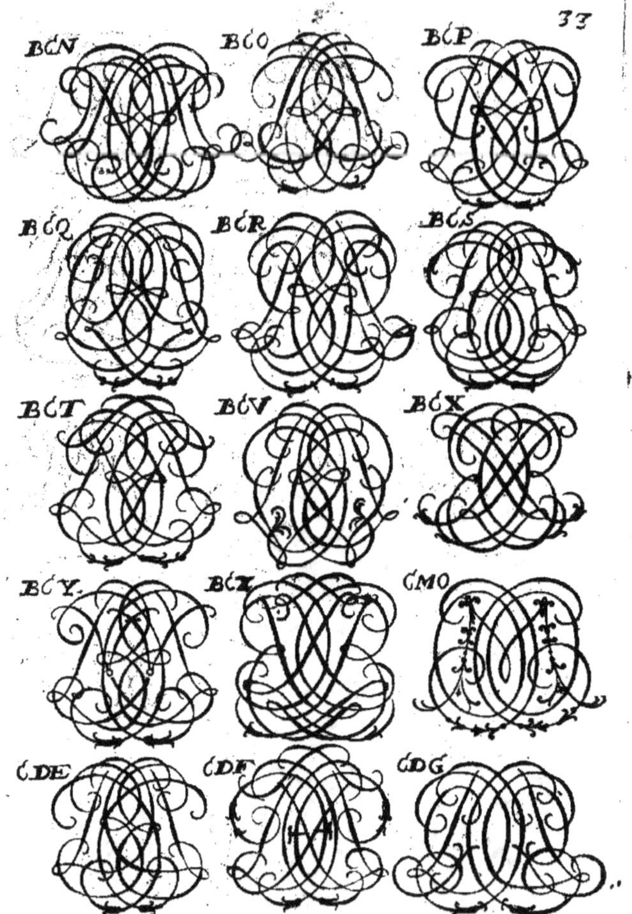

BCN
BCO
BCP
BCQ
BCR
BCS
BCT
BCV
BCX
BCY
BCZ
CMO
CDE
CDF
CDG

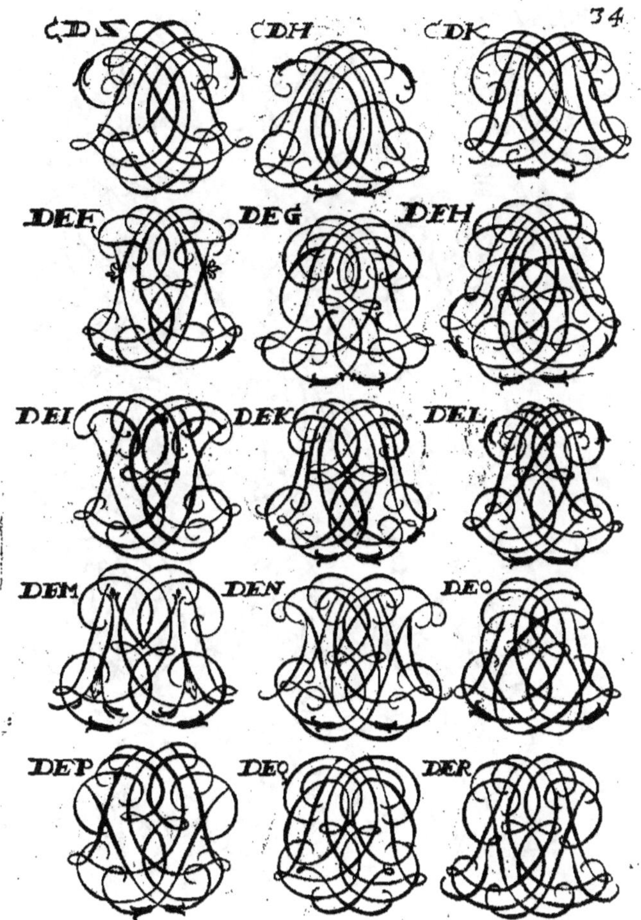
CDZ
CDH
CDK
DEF
DEG
DEH
DEI
DEK
DEL
DEM
DEN
DEO
DEP
DEQ
DER

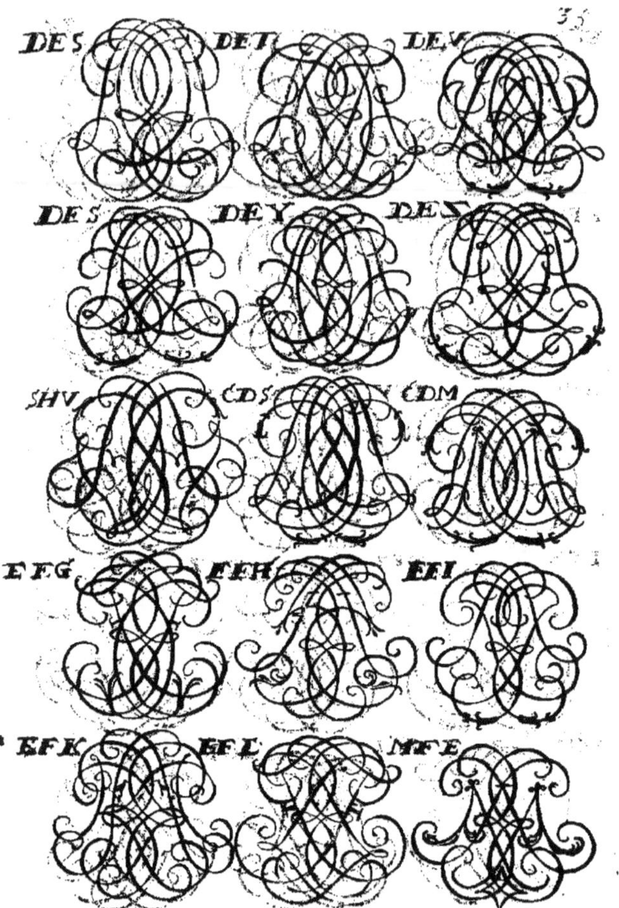

DES   DET   DEV
DES   DEY   DES
SHV   CDS   CDM
EFG   EFH   EFI
EFK   EFL   MFE

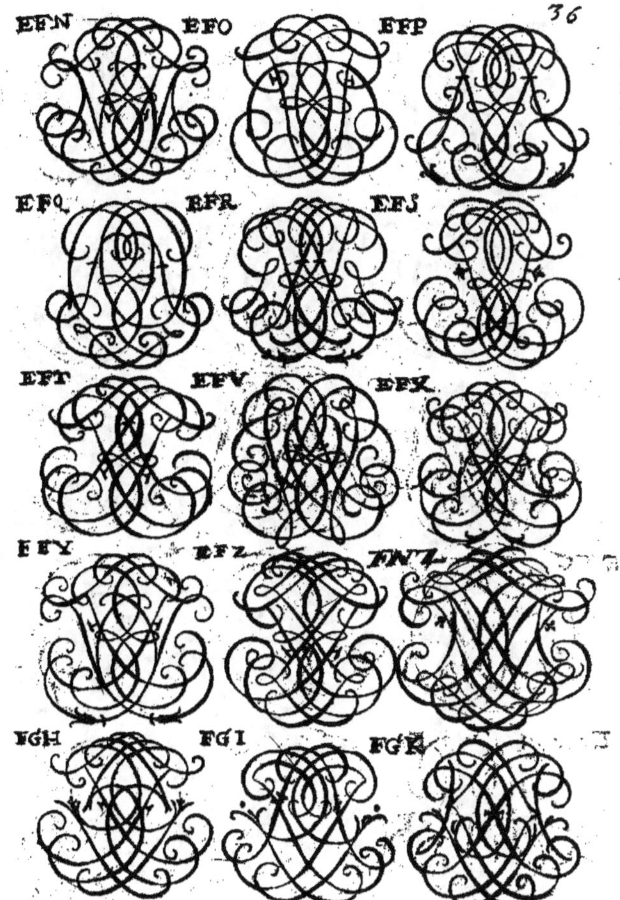
EFN EFO EFP
EFQ EFR EFS
EFT EFV EFX
FFY EFZ FNZ
FGH FGI FGK

FGL
FGM
FGN
FGO
FGP
FGQ
FGR
FGS
FGT
FGV
FGX
FGY
FGZ
FNZ
FRL

HIK
HIL
HIM
HIN
HIO
HIP
HIQ
HIR
HIS
HIT
HIV
HIX
HIY
HIZ
AHF

IKL
IKM
IKN
IKO
IKP
IKQ
IKR
IKS
IKT
IKV
IKX
IKY
IKZ
ACK
ACI

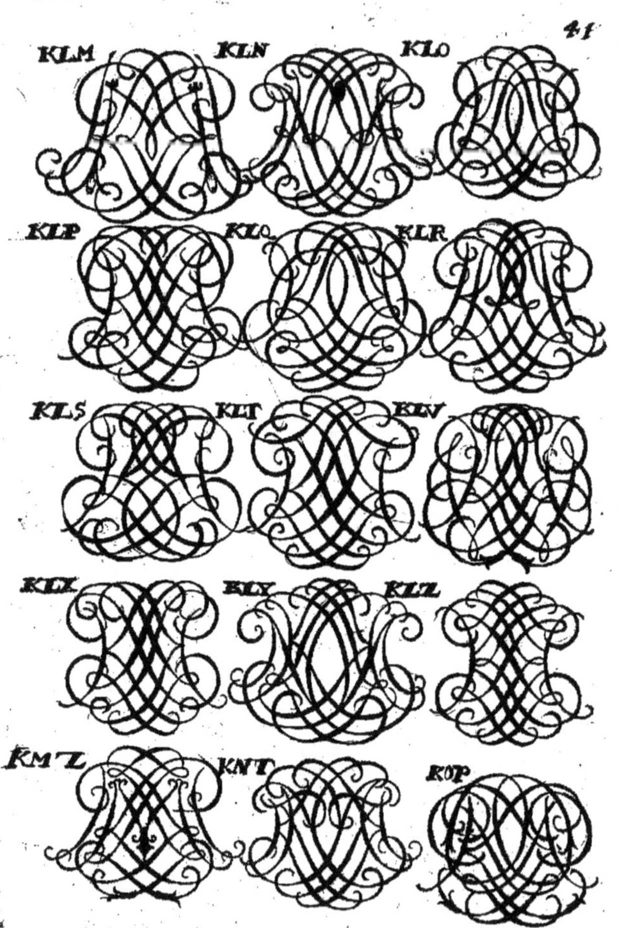

KLM
KLN
KLO
KLP
KLQ
KLR
KLS
KLT
KLV
KLX
KLY
KLZ
KMZ
KNT
KOP

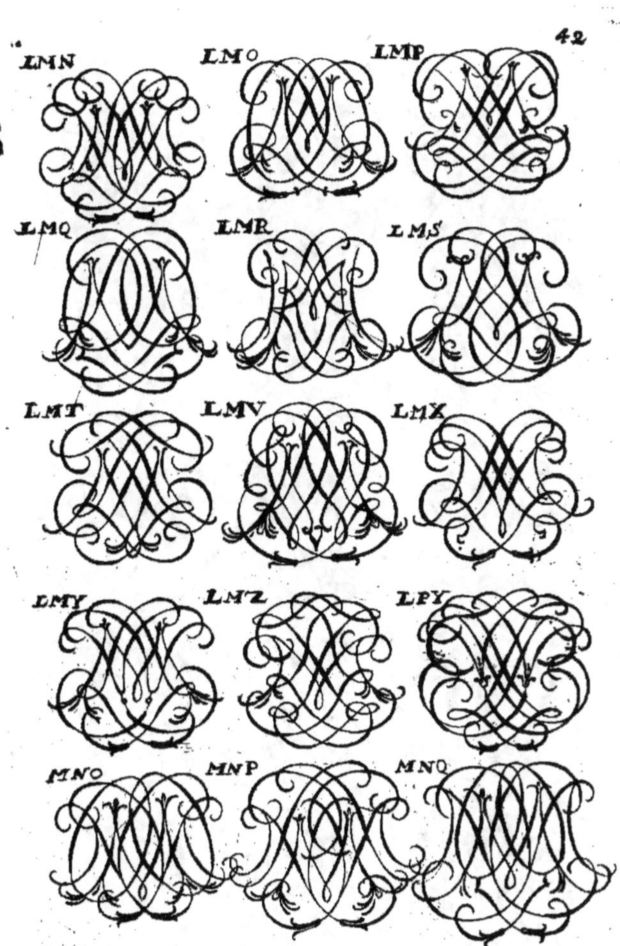

LMN
LMO
LMP
LMQ
LMR
LMS
LMT
LMV
LMX
LMY
LMZ
LPY
MNO
MNP
MNQ

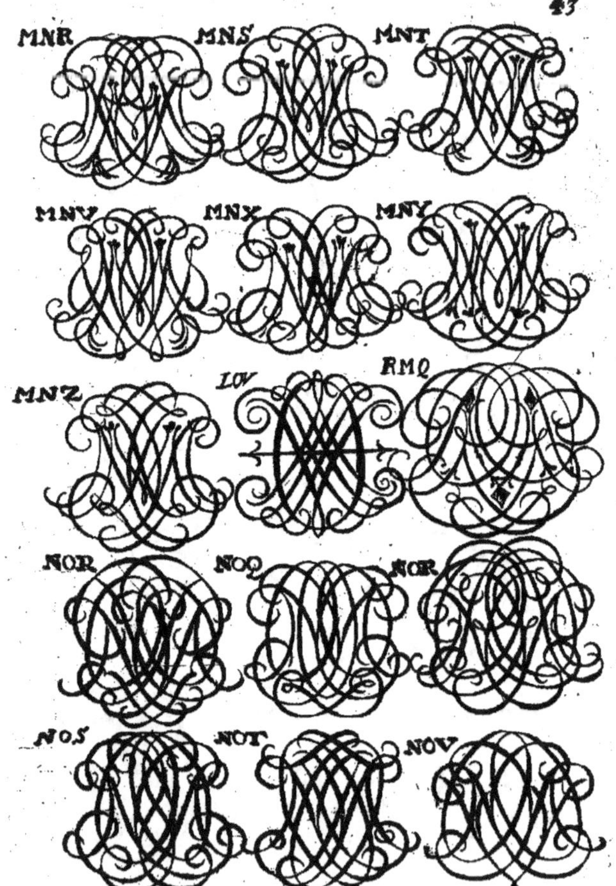
MNR
MNS
MNT
MNV
MNX
MNY
MNZ
LOV
RMQ
NOR
NOQ
NOR
NOS
NOT
NOV

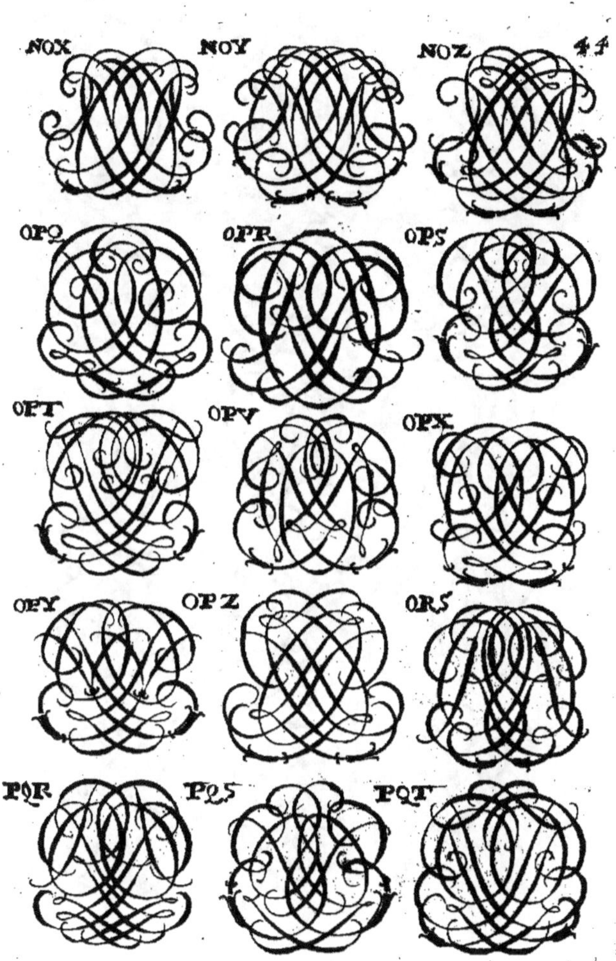

NOX
NOY
NOZ
44
OPQ
OPR
OPS
OPT
OPV
OPX
OPY
OPZ
ORS
PQR
PQS
PQT

PQV
PQX
PQY
PQZ
GLP
GLP
QRS
QPT
QPV
QRX
QRX
QPZ
RST
RSV
RSX

RSY
RSZ
STV
STX
STY
STZ
TVX
TVY
TVZ
VXX
VXZ
XYZ
YZA
ACE
ACD

ACD
ACE
ACF
ACG
ACH
ACI

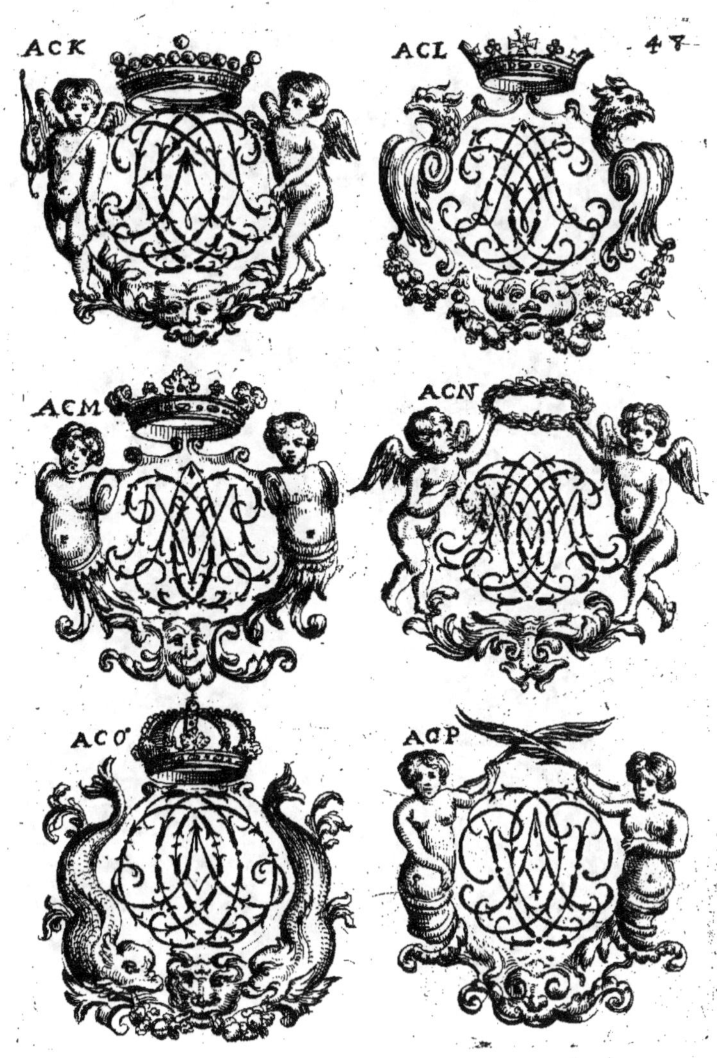

ACK
ACL
47
ACM
ACN
ACO
ACP

ACQ
ACR
ACT
ACS
AGR
ACV

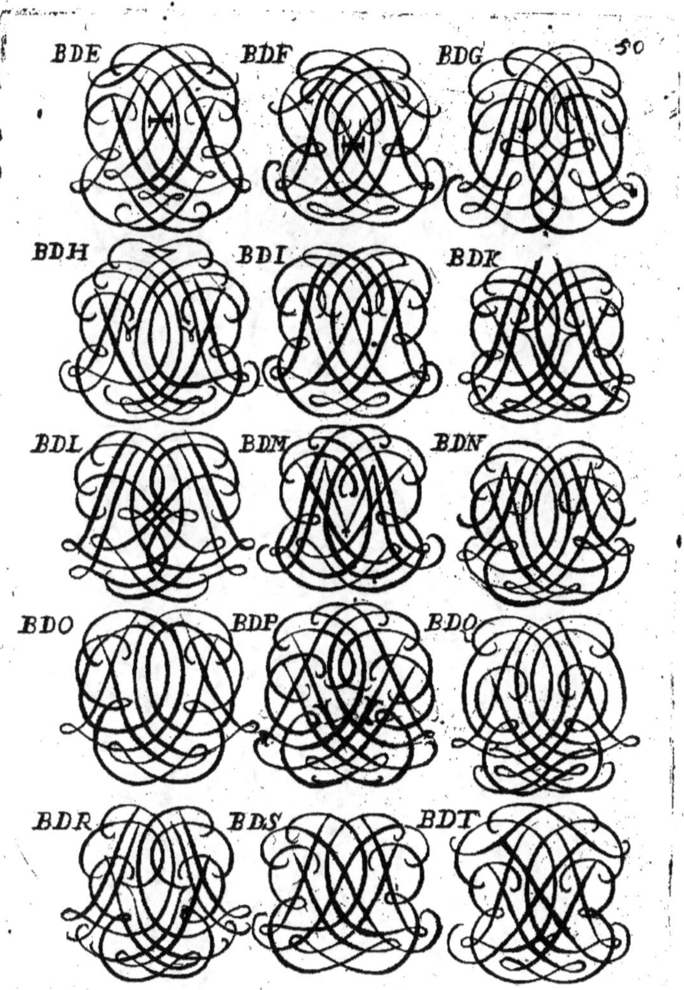

BDE
BDF
BDG
BDH
BDI
BDK
BDL
BDM
BDN
BDO
BDP
BDQ
BDR
BDS
BDT

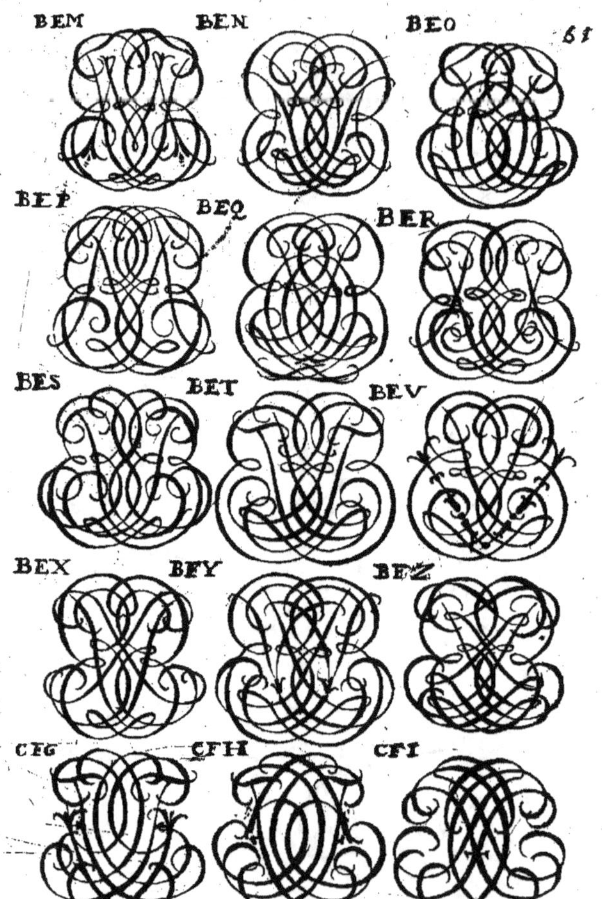

BEM
BEN
BEO
61
BEP
BEQ
BER
BES
BET
BEV
BEX
BFY
BEZ
CFG
CFH
CFI

CFK
CFL
CFM
50
CFN
CFO
CFP
CFQ
CFR
CFS
CFT
CFV
CFX
CFY
CFZ
VD

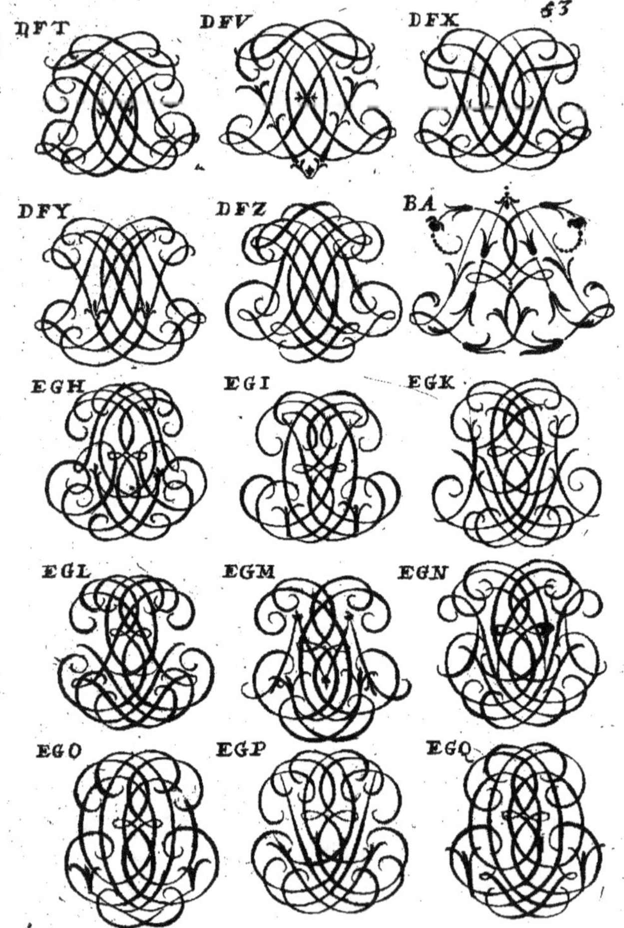

DFT
DFV
DFX
DFY
DFZ
BA
EGH
EGI
EGK
EGL
EGM
EGN
EGO
EGP
EGQ

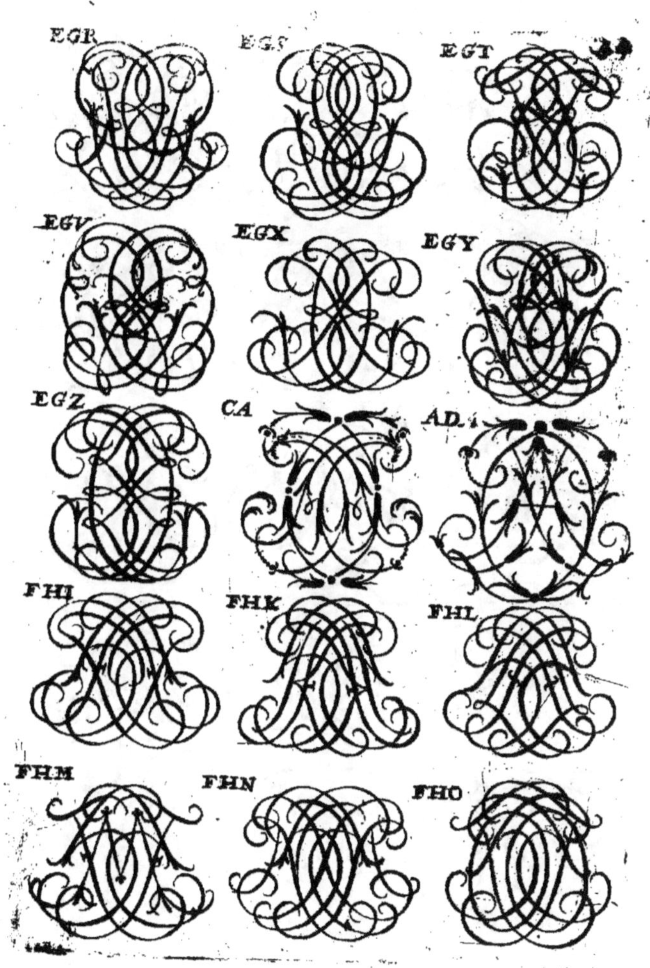

EGR
EGS
EGT
EGV
EGX
EGY
EGZ
CA
AD
FHI
FHK
FHL
FHM
FHN
FHO

FHP
FHQ
FHR
FHS
FHT
FHV
FHX
FHY
FHZ
GIK
GIL
GIM
GIN
GIO
GIP

GIQ
GIR
GIS
GIT
GIV
GIX
GIY
GIZ
AI
HKL
HKM
HKN
HKO
HKP
HKQ

HKR
HKS
HKT
HKV
HKX
HKY
HKZ
HKW
HB
ILM
ILN
ILO
ILP
ILQ
ILR

ILS
ILT
ILV
IIX
ILY
ILZ
KMN
KMO
KMP
KMQ
KMR
KMS
KMT
KMV
KMX

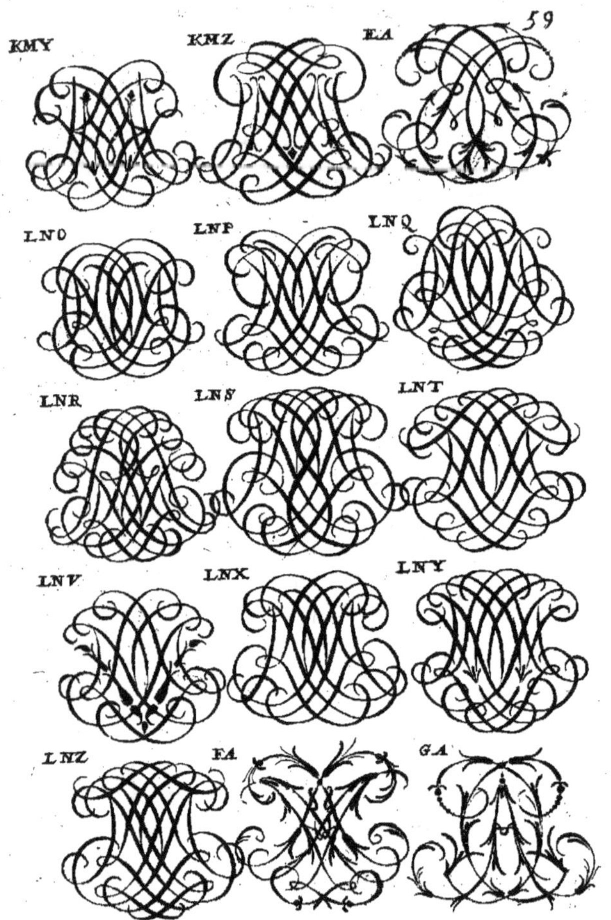
KMY
KMZ
EA
LNO
LNP
LNQ
LNR
LNS
LNT
LNV
LNX
LNY
LNZ
FA
GA

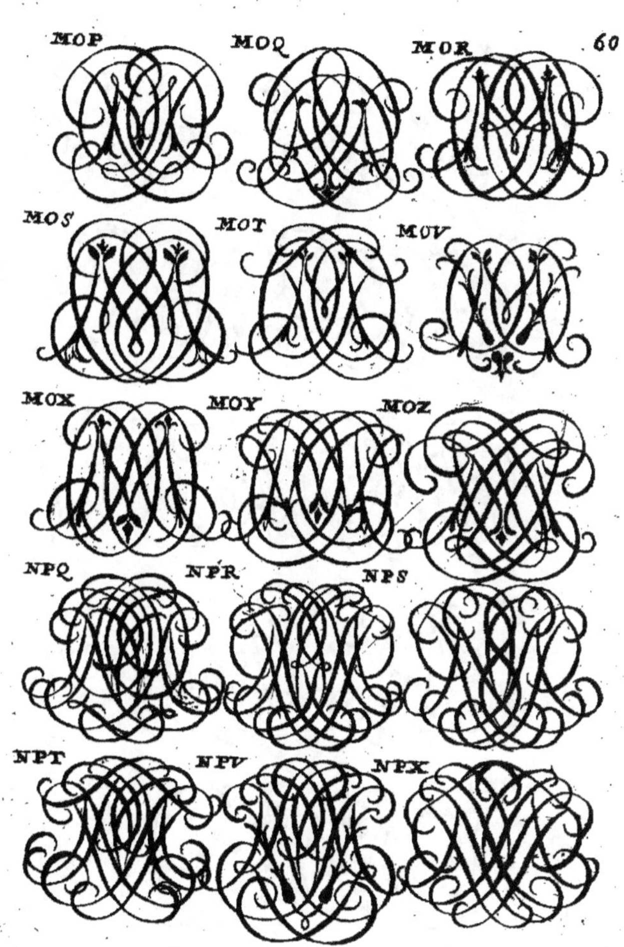

MOP
MOQ
MOR
MOS
MOT
MOV
MOX
MOY
MOZ
NPQ
NPR
NPS
NPT
NPV
NPX

CEX
CEY
CEZ
DFG
DFH
DFI
DFK
DFL
DFM
DFN
DFO
DFP
DFQ
DFR
DFS

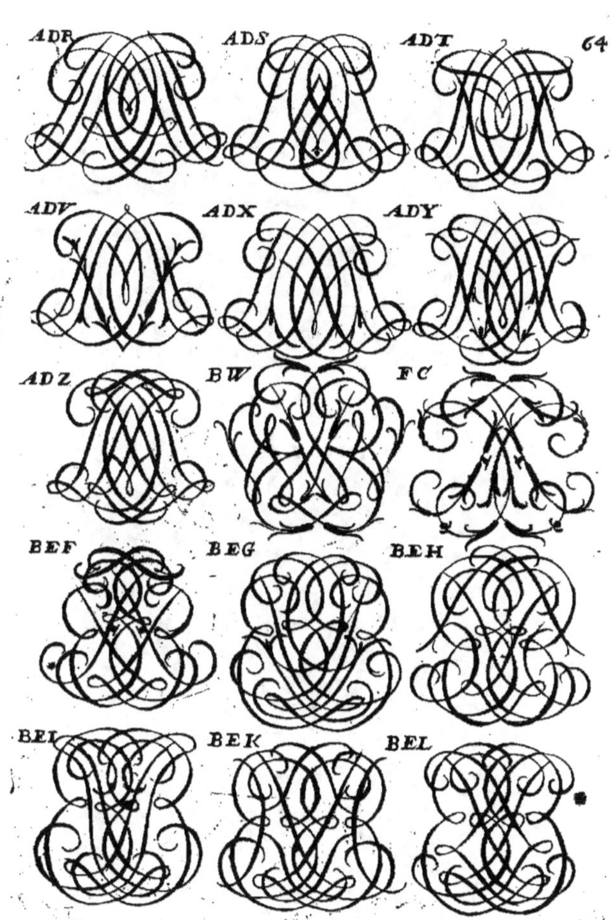

ADR
ADS
ADT
64
ADV
ADX
ADY
ADZ
BW
FC
BEF
BEG
BEH
BEI
BEK
BEL

BFK
BFL
BFM
BFN
BFO
BFP
BFQ
BFR
BFS
BFT
BFV
BFX
BFY
BFZ
TB

CEF
CEG
CEH
CEI
CEK
CEL
CEM
CEN
CEO
CEP
CEQ
CER
CES
CET
CEV

DGH   DGI   DGK

DGL   DGM   DGN

DGO   DGP   DGQ

DGR   DGS   DGT

DGV   DGX   DGY

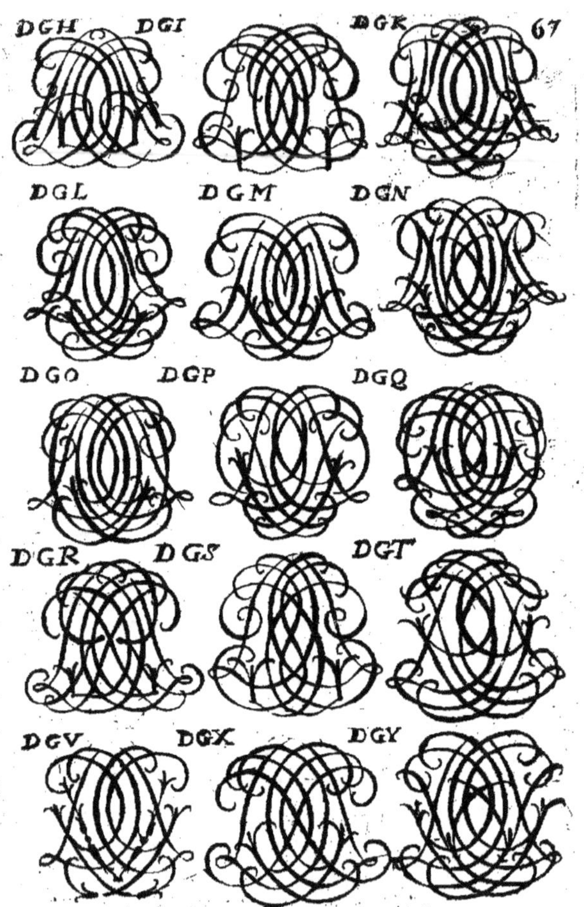

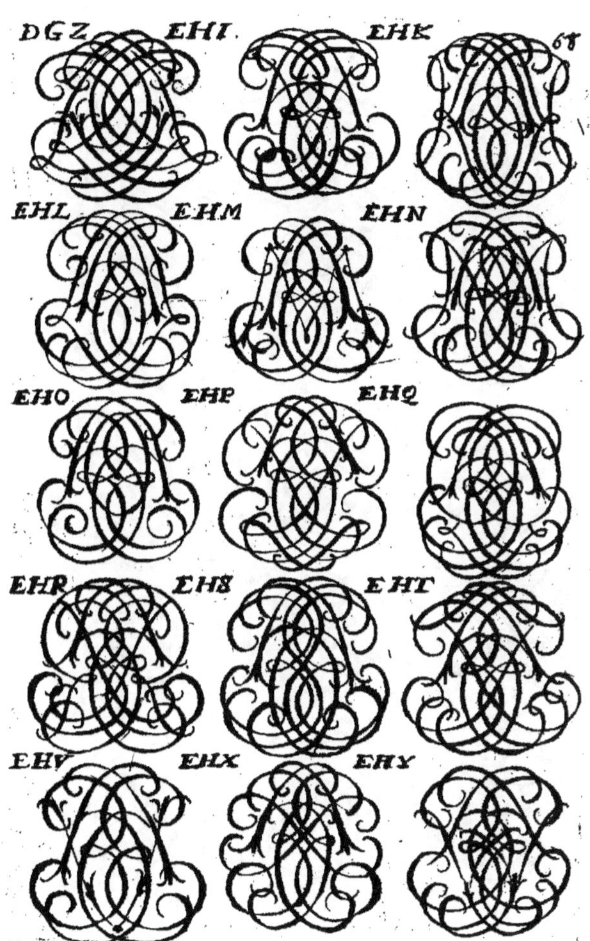

DGZ   EHI.   EHK   68
EHL   EHM   EHN
EHO   EHP   EHQ
EHR   EHS   EHT
EHV   EHX   EHY

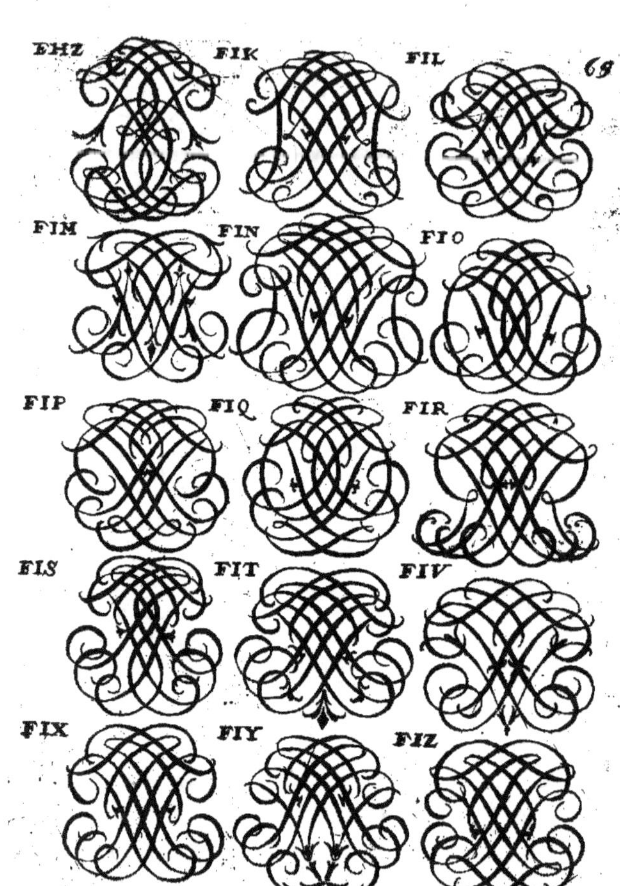
EHZ
FIK
FIL
FIM
FIN
FIO
FIP
FIQ
FIR
FIS
FIT
FIV
FIX
FIY
FIZ

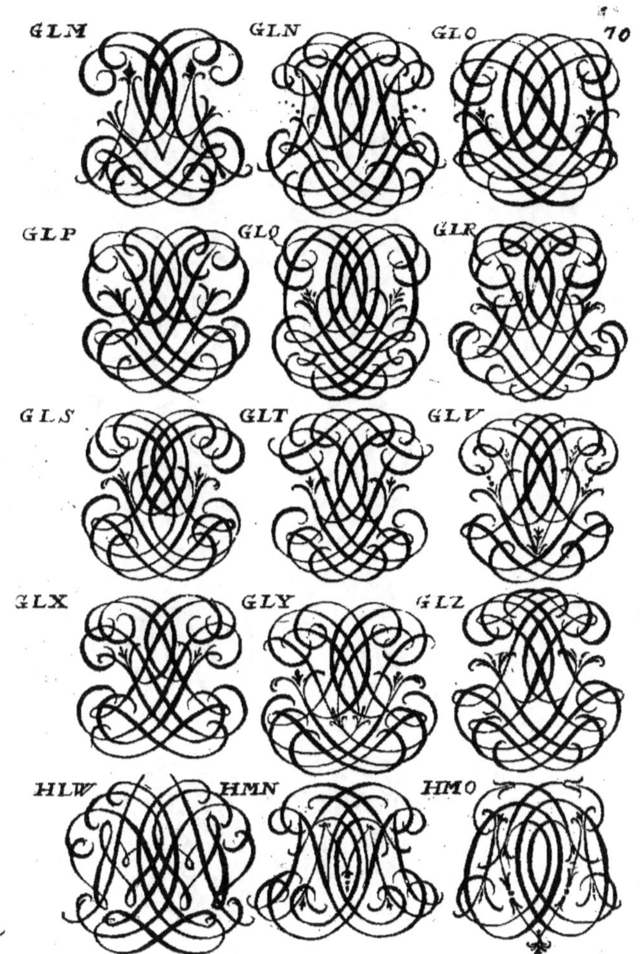

GLM
GLN
GLO
GLP
GLQ
GLR
GLS
GLT
GLV
GLX
GLY
GLZ
HLW
HMN
HMO

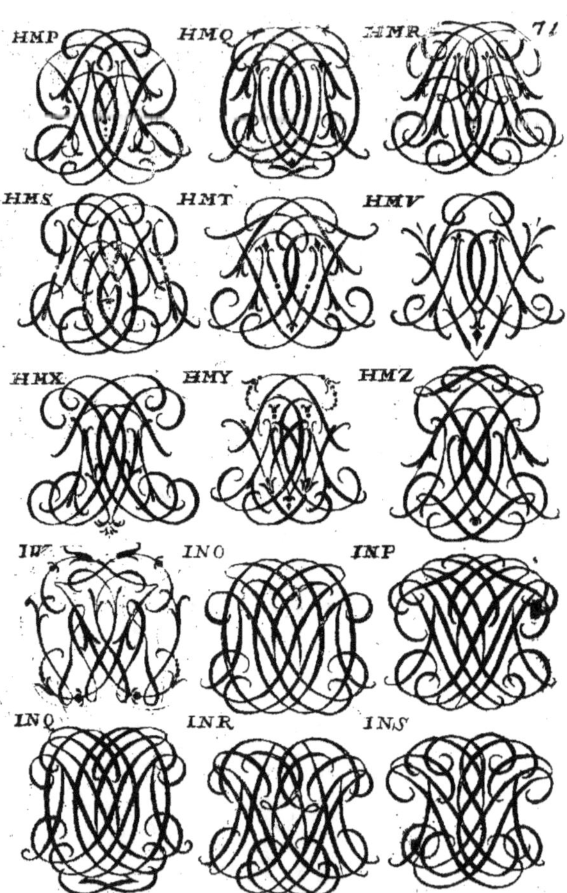

HMP
HMQ
HMR
HMS
HMT
HMV
HMX
HMY
HMZ
INO
INP
INQ
INR
INS

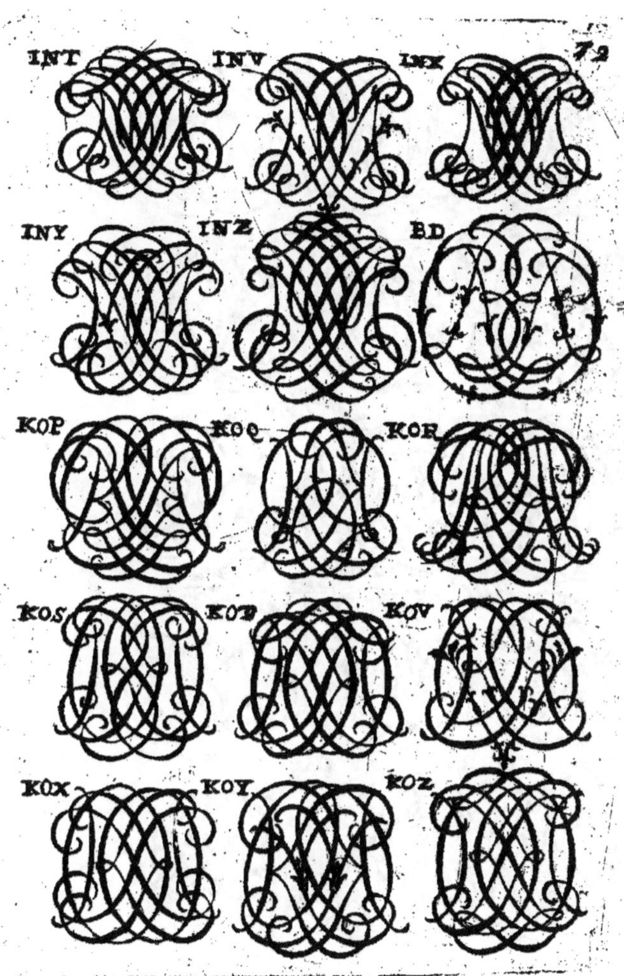

INT
INV
INX
INY
INZ
ED
KOP
KOQ
KOR
KOS
KOT
KOV
KOX
KOY
KOZ

HLM HLN HLO

HLP HLQ HLR

HLS HLT HLV

HLX HLY HLZ

HLW IMN IMO

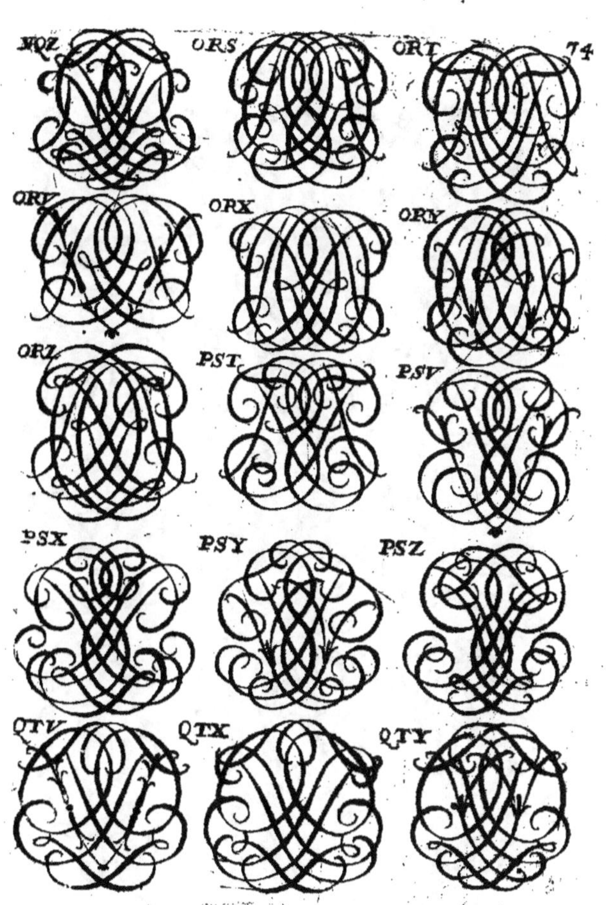
NQZ
ORS
ORT
ORV
ORX
ORY
ORZ
PST
PSV
PSX
PSY
PSZ
QTV
QTX
QTY

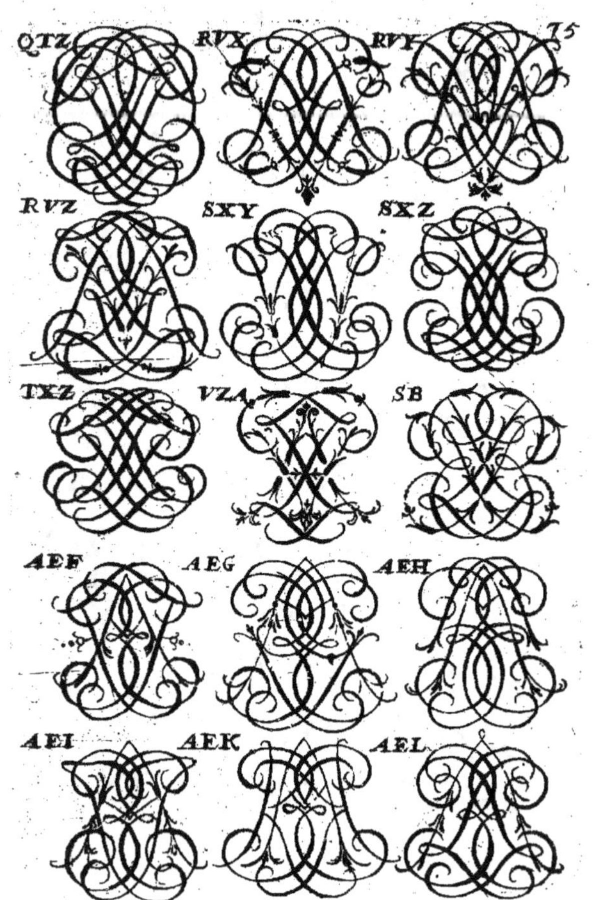
QTZ
RVX
RVY
RVZ
SXY
SXZ
TXZ
VZA
SB
AEF
AEG
AEH
AEI
AEK
AEL

AEM
AEN
AEO
AEP
AEQ
AER
AES
AET
AEV
AEX
AEY
AEZ
BFG
BFH
BFI

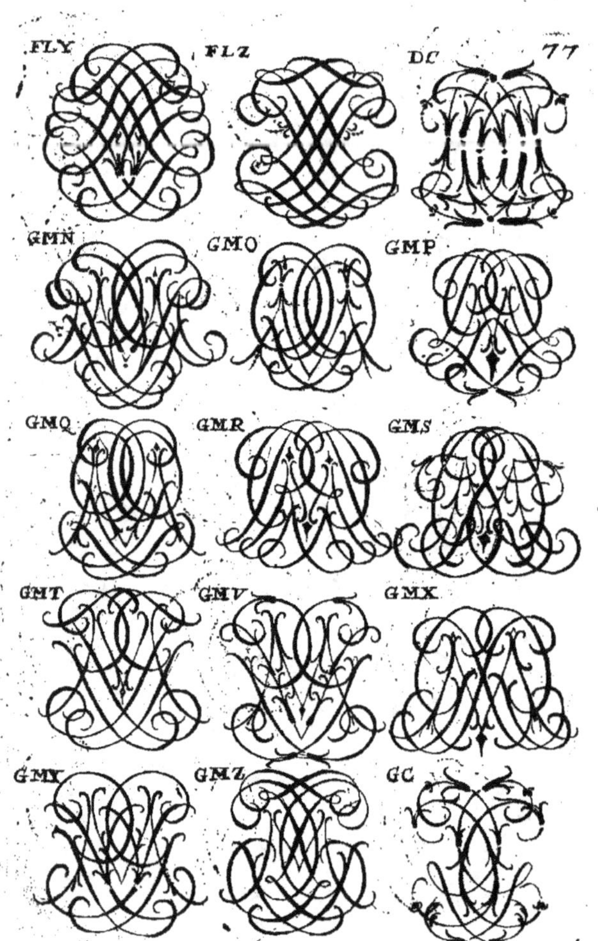

FLY
FLZ
DC
GMN
GMO
GMP
GMQ
GMR
GMS
GMT
GMV
GMX
GMY
GMZ
GC

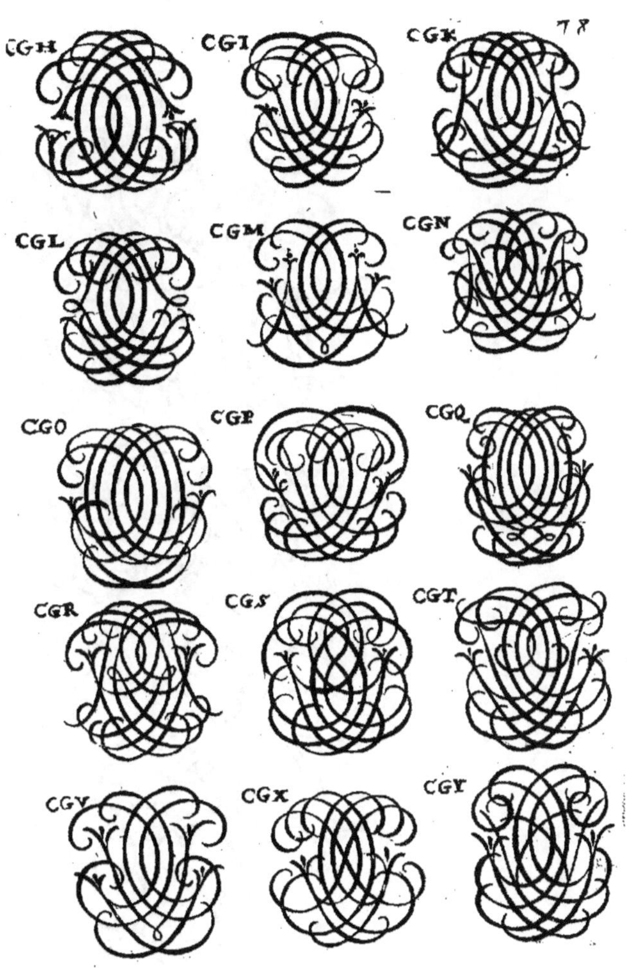

CGH
CGI
CGK
CGL
CGM
CGN
CGO
CGP
CGQ
CGR
CGS
CGT
CGV
CGX
CGY

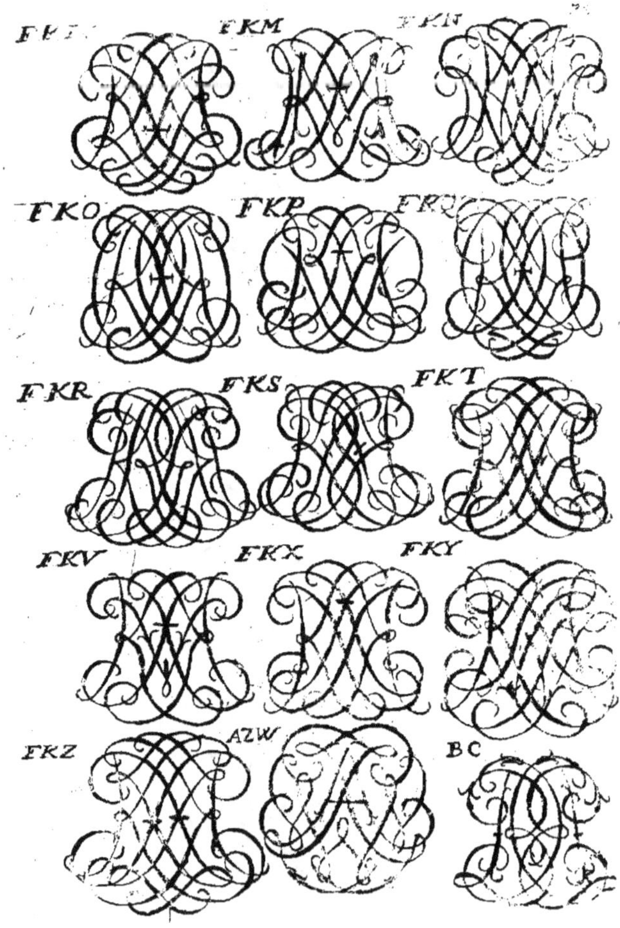
FKL	FKM	FKN
FKO	FKP	FKQ
FKR	FKS	FKT
FKV	FKX	FKY
FKZ	AZW	BC

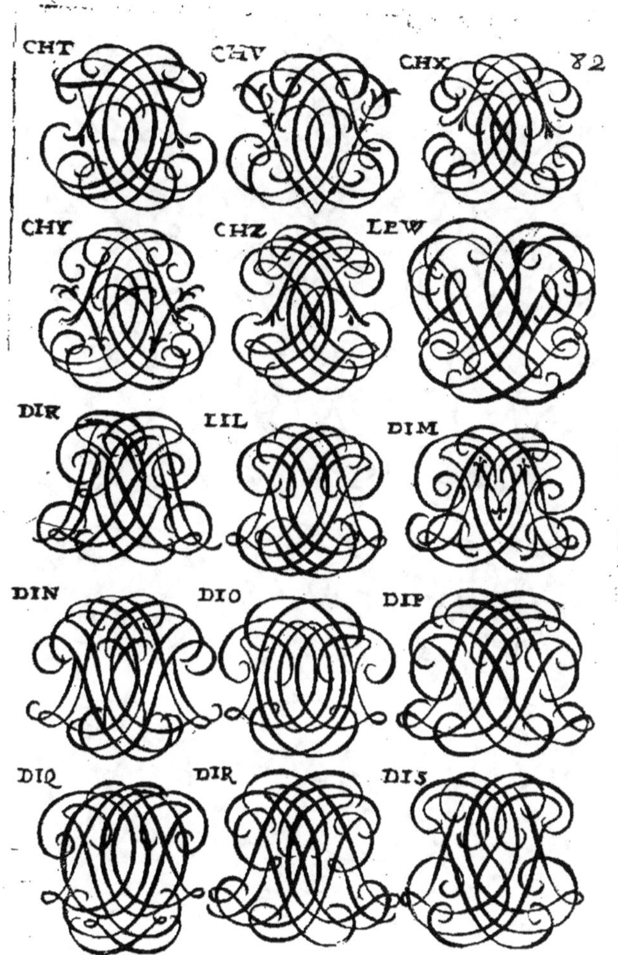

CHT
CHV
CHX
CHY
CHZ
LEW
DIK
LIL
DIM
DIN
DIO
DIP
DIQ
DIR
DIS

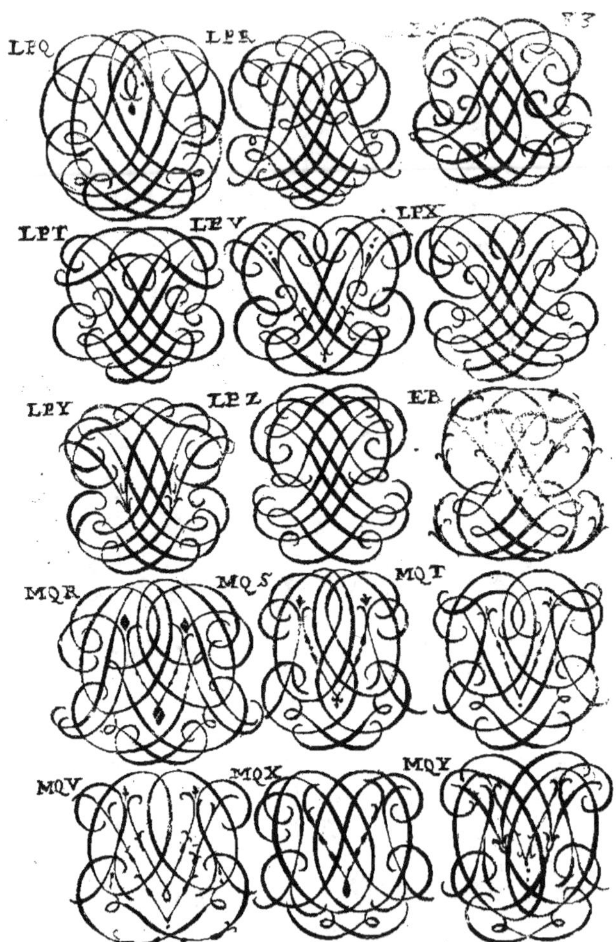

LPQ
LPR
LPT
LPV
LPX
LPY
LPZ
EB
MQR
MQS
MQT
MQV
MQX
MQY

MQZ
FB
NRS
84
NET
NRV
NRX
NRY
NRZ
NRW
OST
OSV
OSX
OSY
OSZ
GB

PTV
PTX
PTY
PTZ
IB
QVX
QVY
QVZ
BK
RXY
RXZ
BL
SYZ
TZA
PTV

AFG   AFH   AFI
AFK   AFL   AFM
AFN   AFO   AFP
AFQ   AFR   AFS
AFT   AFV   ATX

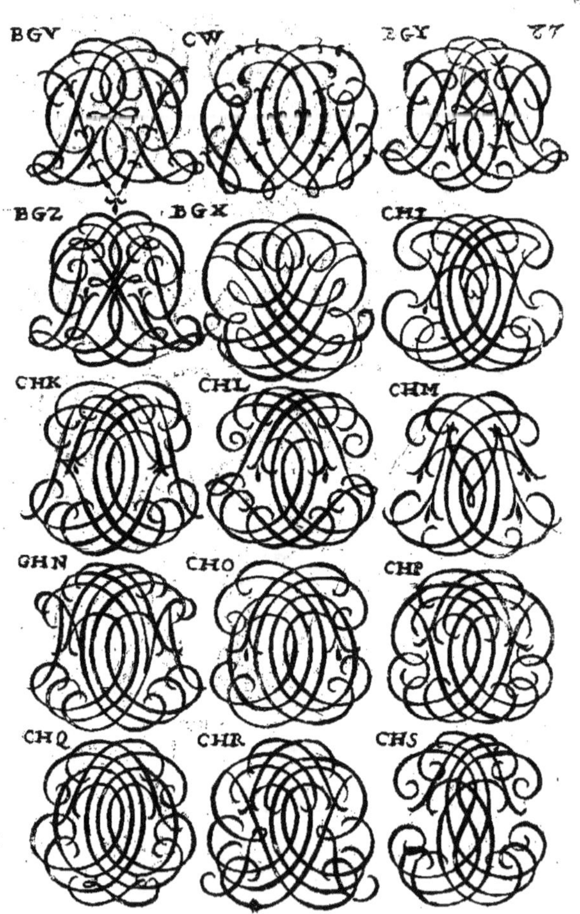

BGV
CW
ZGY
77
BGZ
BGX
CHI
CHK
CHL
CHM
GHN
CHO
CHP
CHQ
CHR
CHS

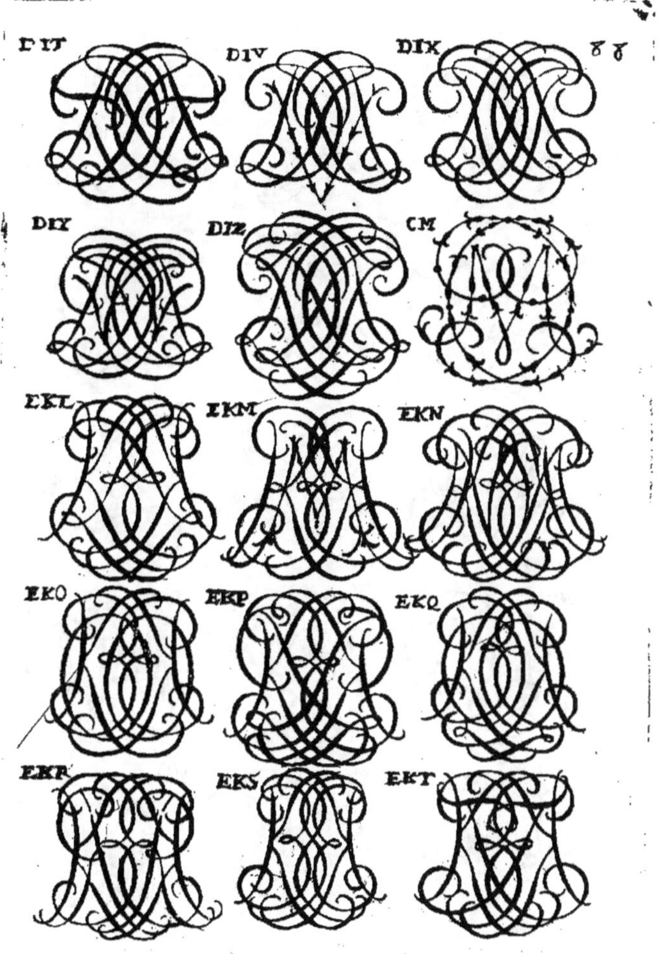

DIT
DIV
DIX
88
DIY
DIZ
CM
EKL
EKM
EKN
EKO
EKP
EKQ
EKR
EKS
EKT

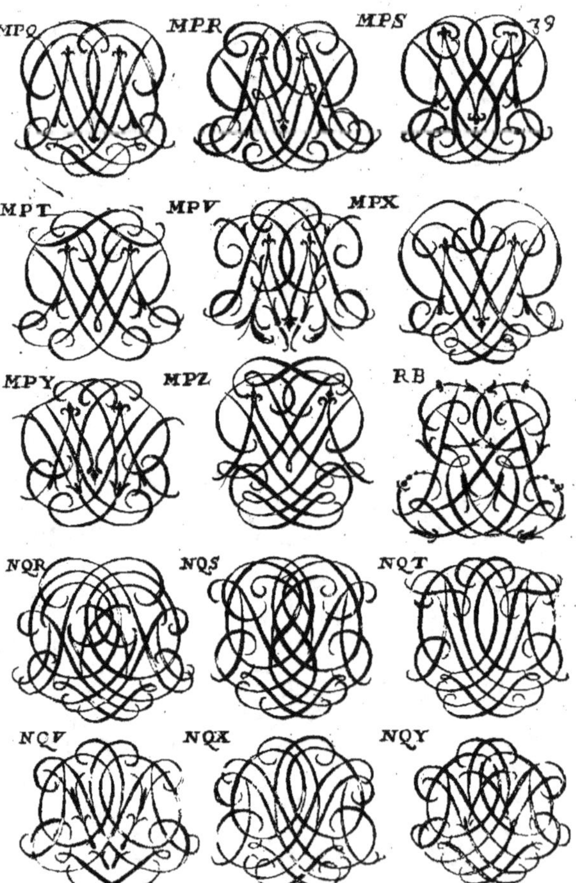

MPQ
MPR
MPS
39
MPT
MPV
MPX
MPY
MPZ
RB
NQR
NQS
NQT
NQV
NQX
NQY

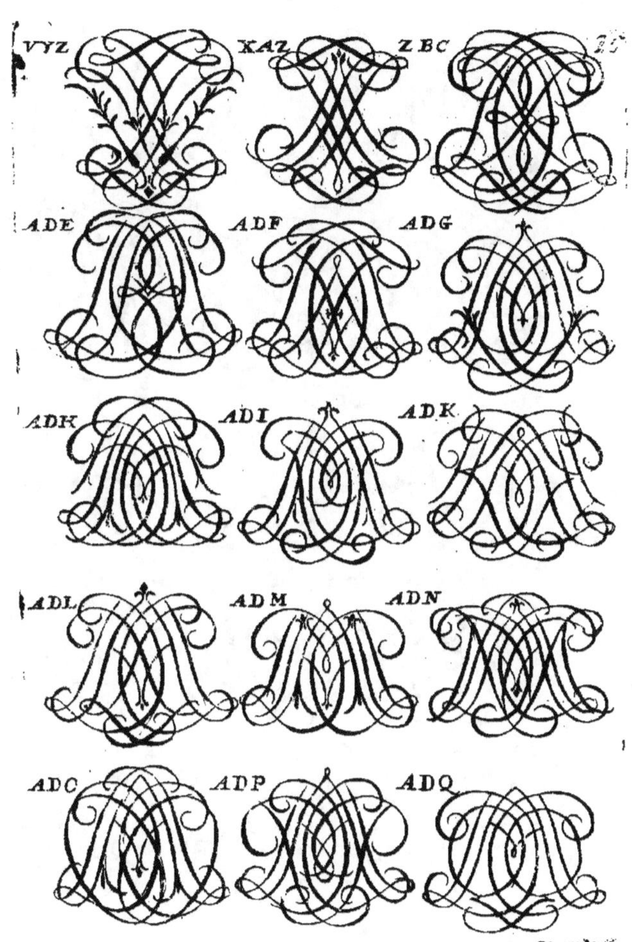

VYZ
XAZ
ZBC
ADE
ADF
ADG
ADH
ADI
ADK
ADL
ADM
ADN
ADO
ADP
ADQ

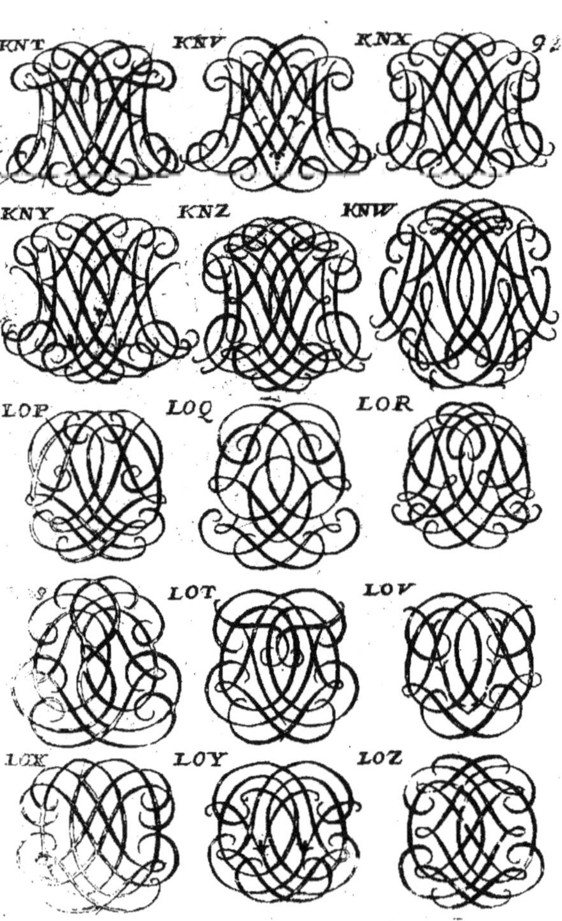

KNT KNV KNX 92
KNY KNZ KNW
LOP LOQ LOR
LOT LOV
LOX LOY LOZ

ATY ATZ PB

BGH BGI BGK

BGL BGM BGN

BGO BGP BGQ

BGR BGS BGT

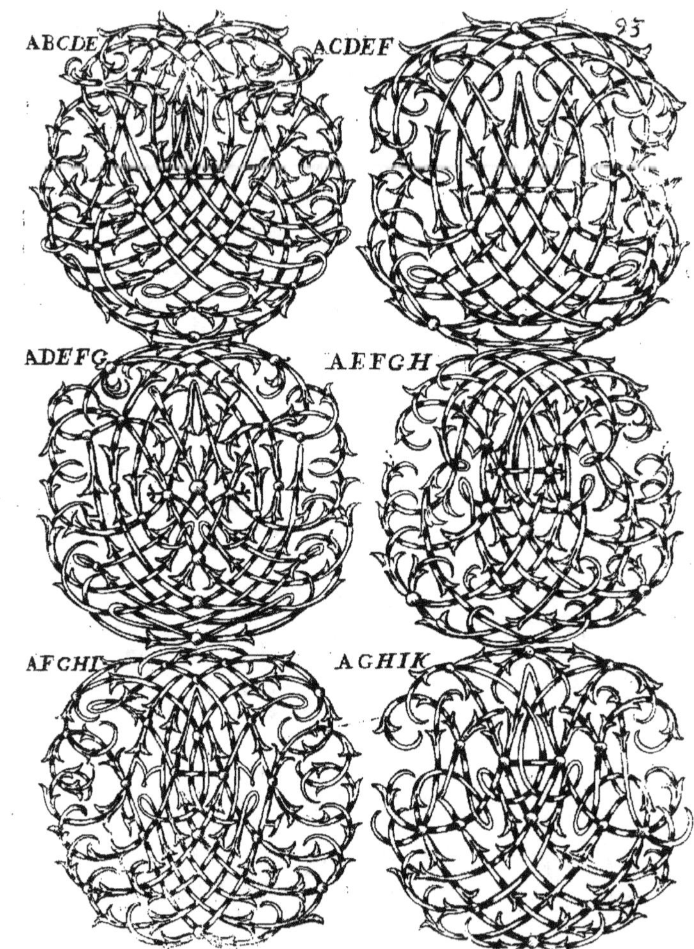

ABCDE
ACDEF
ADEFG
AEFGH
AFGHI
AGHIK

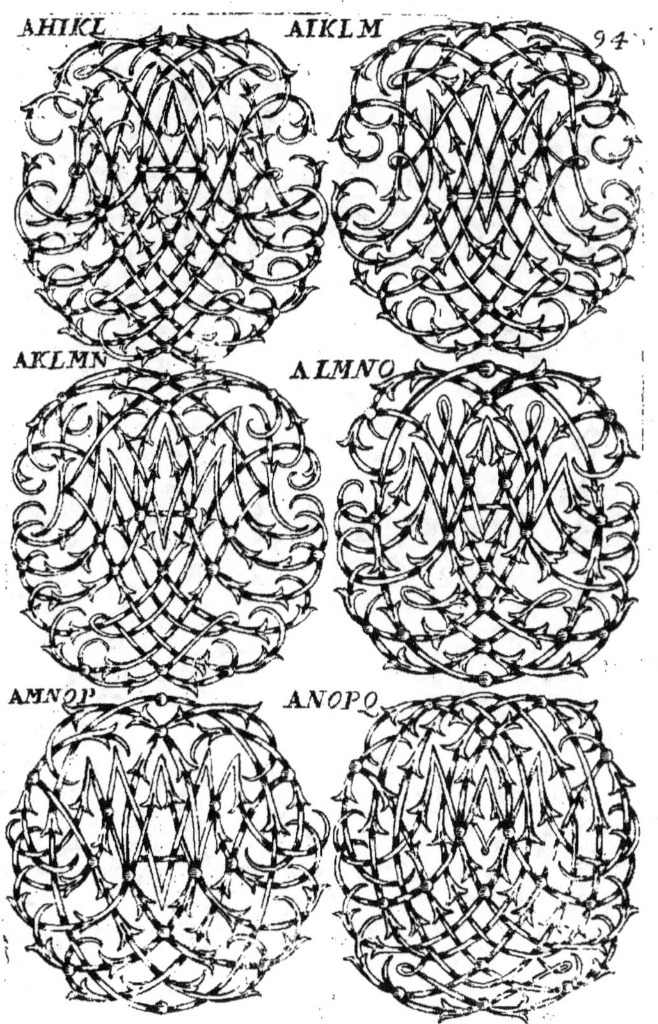
AHIKL
AIKLM
AKLMN
ALMNO
AMNOP
ANOPQ

AOPQR   APQRS

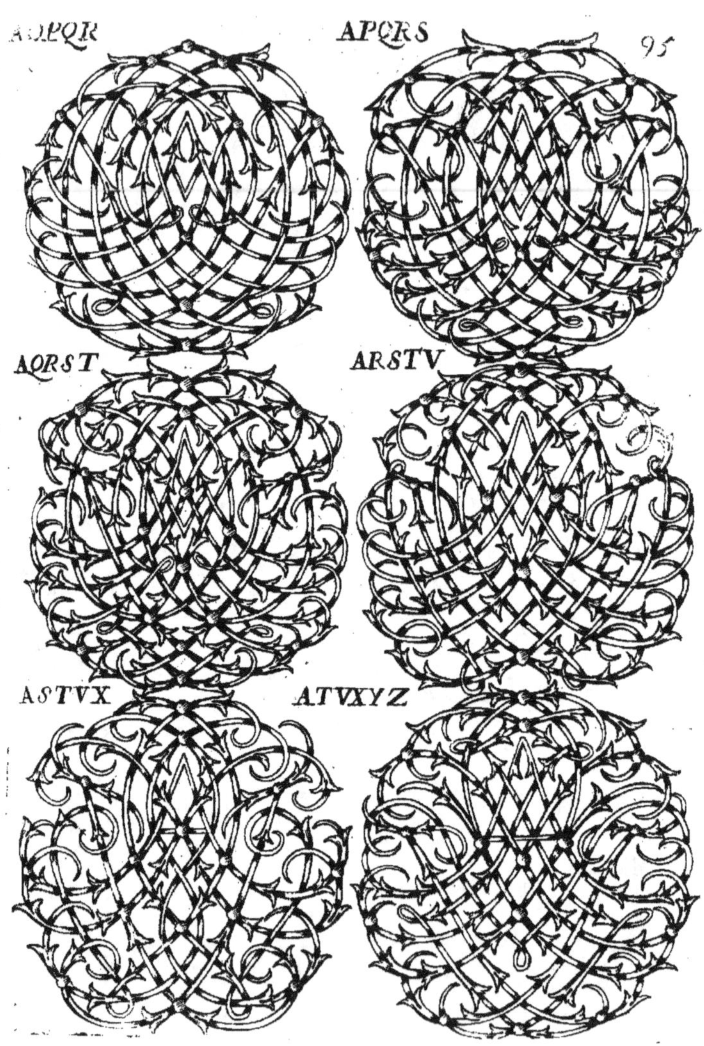

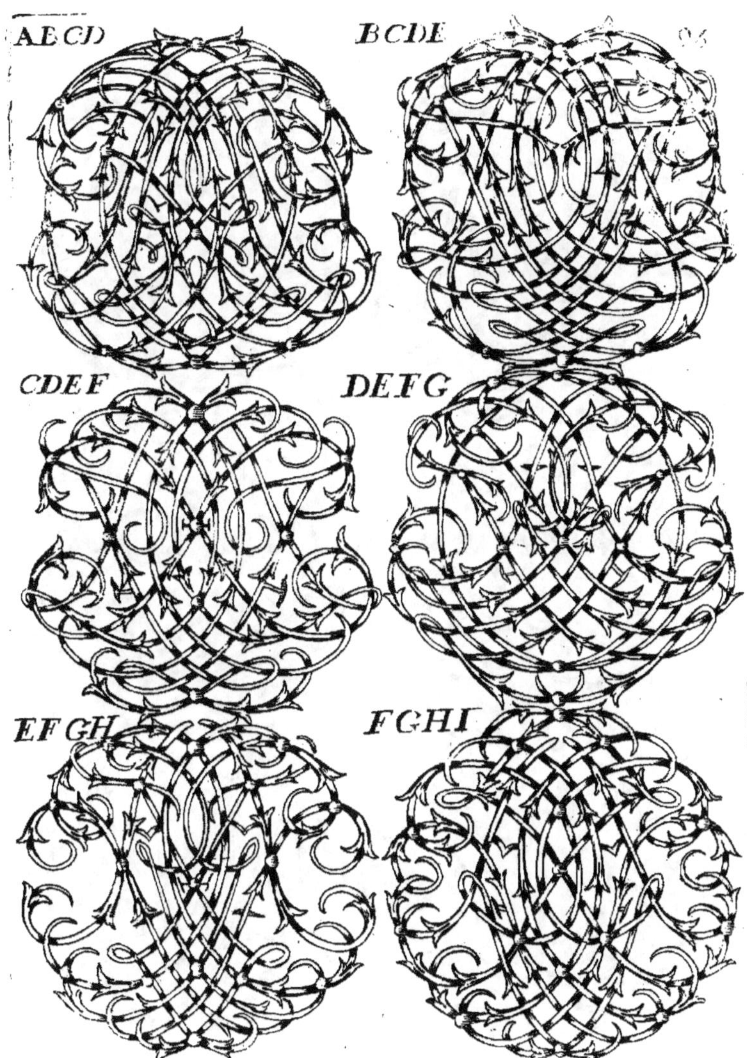

ABCD
BCDE
CDEF
DEFG
EFGH
FGHI

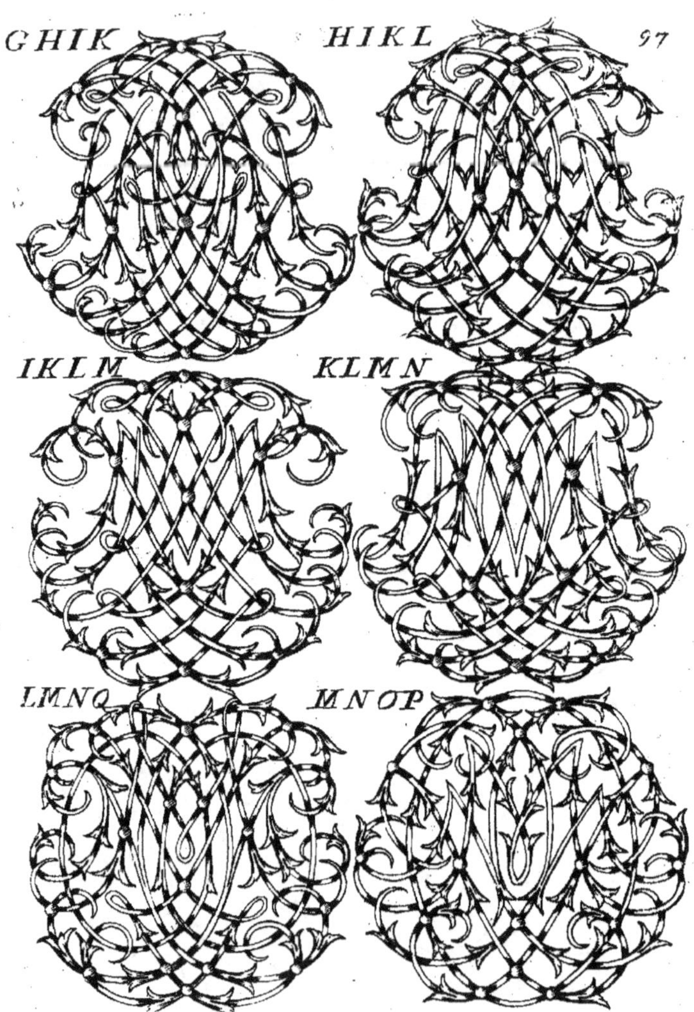

GHIK
HIKL
97
IKLM
KLMN
LMNQ
MNOP

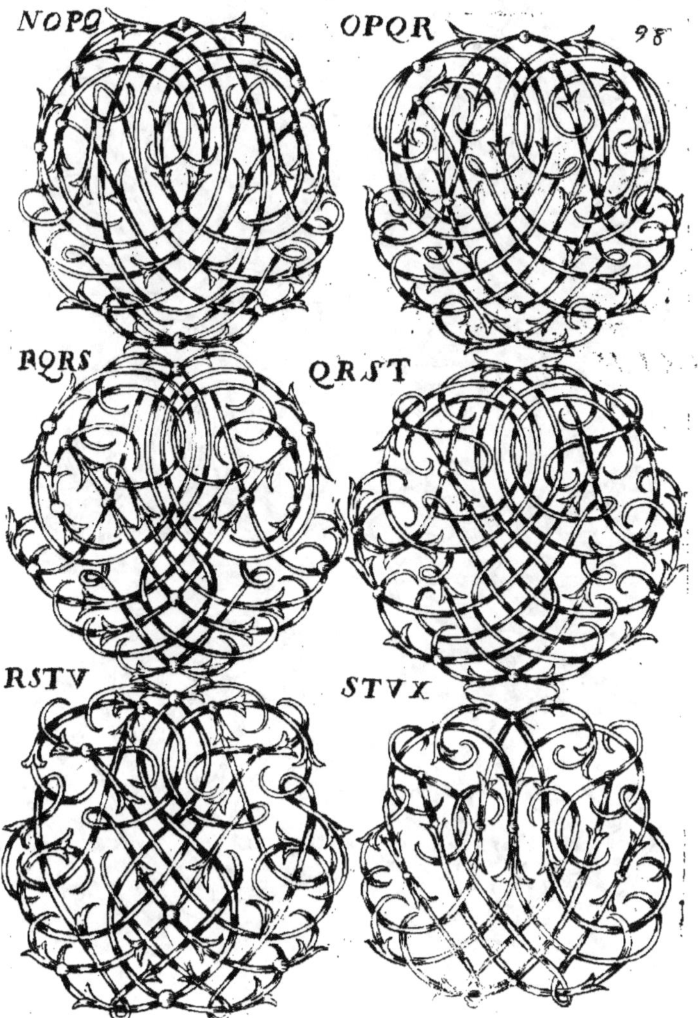

NOPQ
OPQR
98
PQRS
QRST
RSTV
STVX

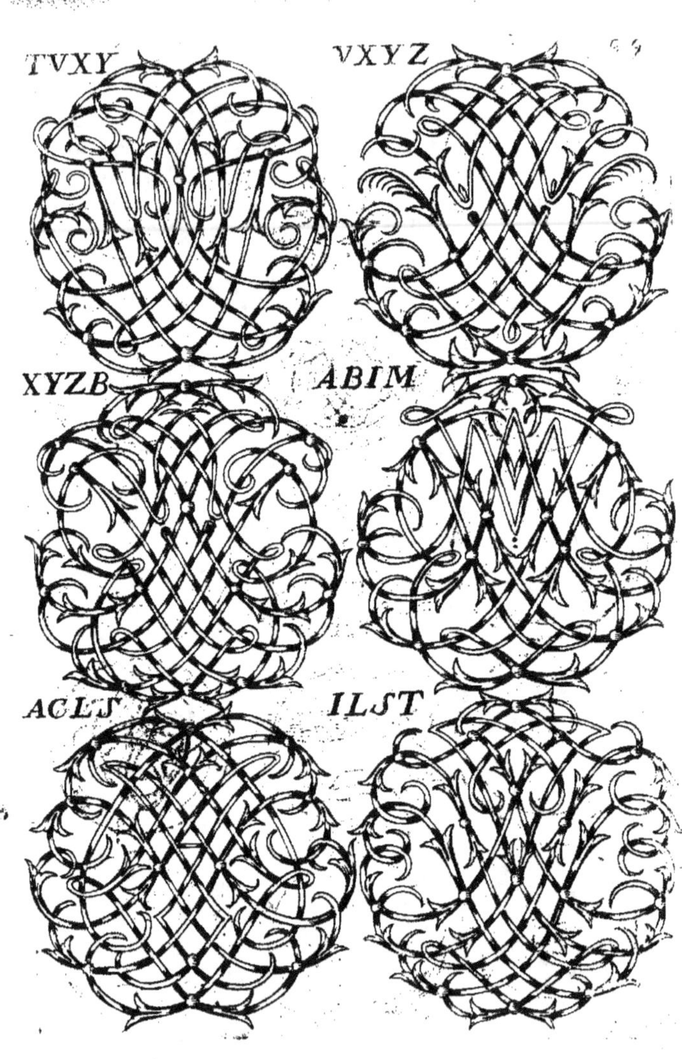

TVXY
VXYZ
XYZB
ABIM
ACLS
ILST

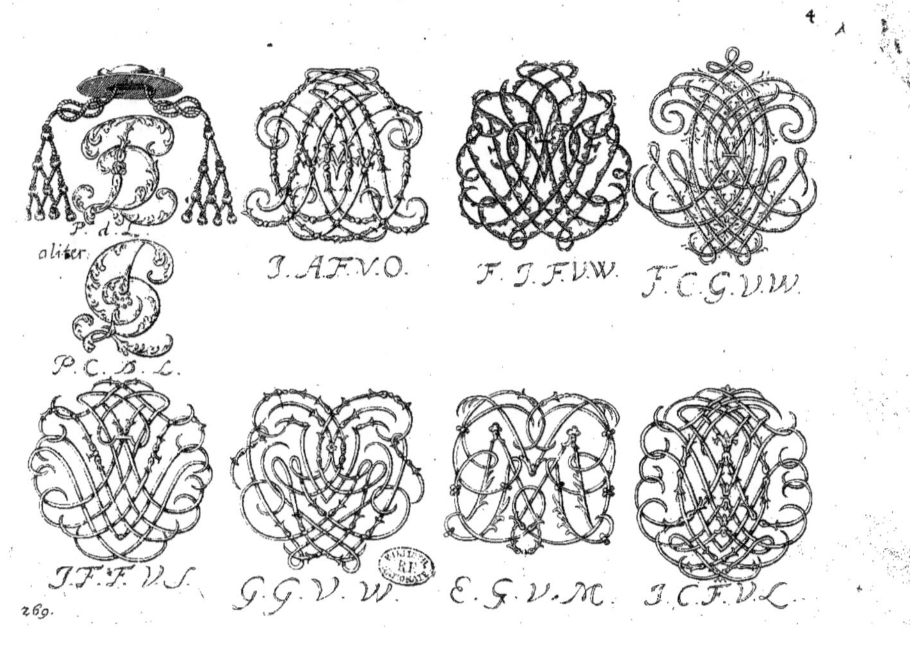

269.

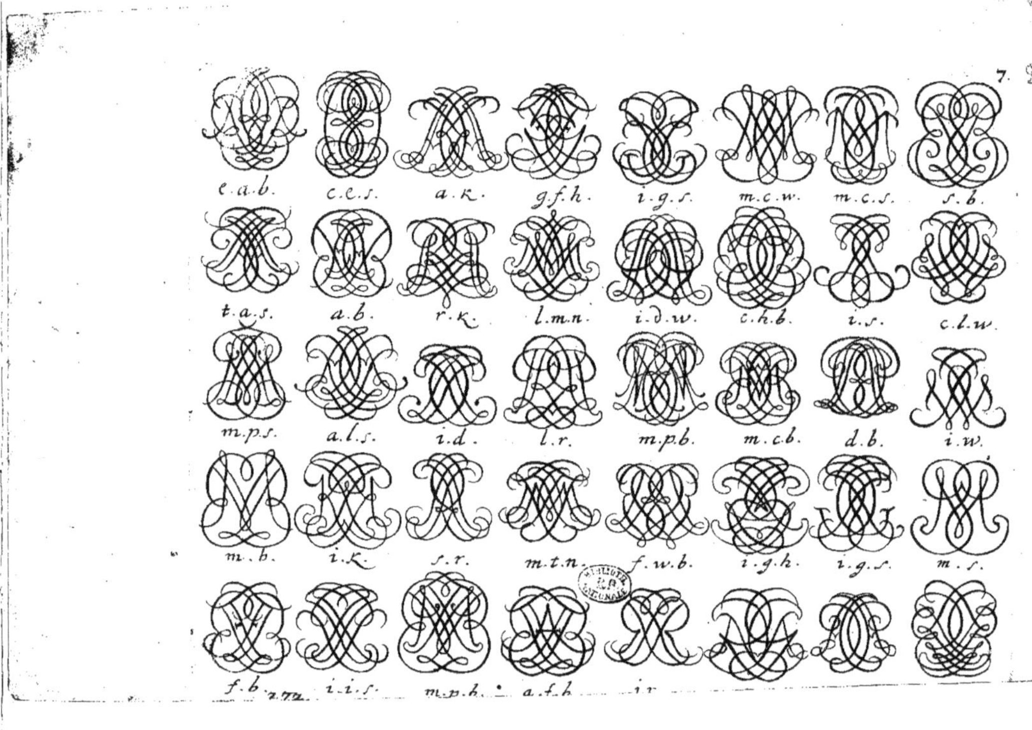

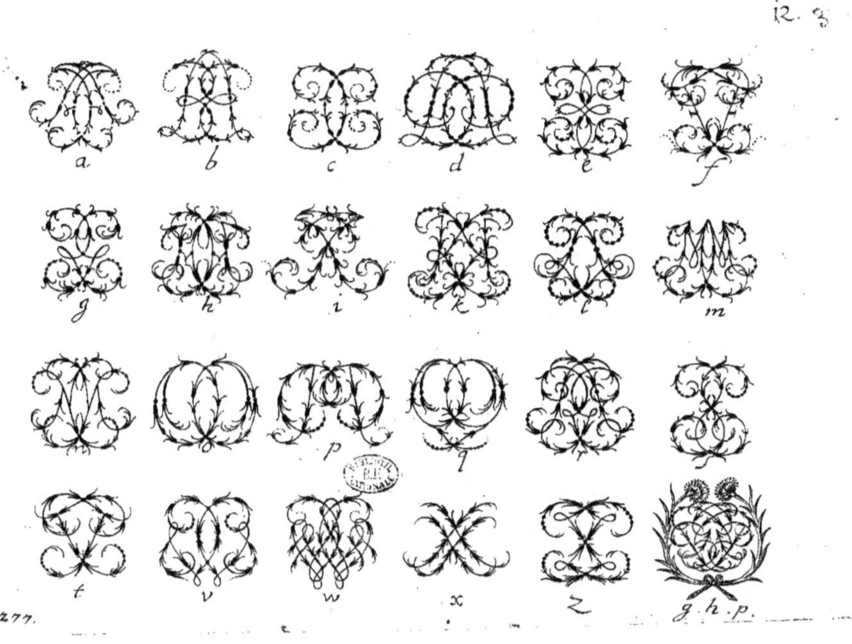
R. 8
a   b   c   d   e   f
g   h   i   k   l   m
n   o   p   q   r   s
t   v   w   x   z   g.h.p.
277.